Brigitte Kleinod

Nachts in meinem Garten

naturnahe Gestaltung
attraktive Duftpflanzen
spannende Tierwelt

illustriert von Margret Schneevoigt

pala verlag

Inhalt

Faszinierendes Nachtleben

Wie kommt man auf die Idee, über den Nachtgarten zu schreiben? Was ist so faszinierend an Dämmerung und Dunkelheit? Bietet ein Garten am Tag nicht viel mehr als bei Nacht?

Diese Fragen stellen sich sicherlich jedem, der seinen Garten oder die Natur noch nicht im Dunkeln und mit allen Sinnen erlebt hat. Wer nur beleuchtete Städte, Ortschaften und Gärten kennt, am Abend alle Lichter in Haus und Garten anknipst und bestenfalls laute Partys im Dunkeln feiert, kann die faszinierende Welt der Nacht nicht erleben.

Der Mensch ist ein »Tagtier« und hat natürlicherweise Angst im Dunkeln, wo ihm viele Tiere mit an die Dunkelheit angepassten Sinnen überlegen sind. Die Entdeckung des Feuers bzw. Lichts ermöglichte es ihm zwar, seine Aktivitäten in Abend und Nacht hinein zu verlängern und gefährliche Tiere abzuwehren, aber eine »Urangst« ist den meisten Menschen geblieben. Das Übrige erledigen alte und neue Märchen, die bereits im Kindesalter die Angst vor der Dunkelheit verstärken. Wer sich dieser Angst durch Vermeidung oder Ablenkung hingibt, bringt sich allerdings um faszinierende Eindrücke, die es in Dämmerung und Dunkelheit zu erleben gibt.

Da es bei uns keine gefährlichen Tiere mehr gibt und nur noch der Mensch selbst dem Menschen gefährlich wird, kann sich jeder auf das Erlebnis Nacht in Natur und Garten einlassen. Ein anfängliches »Schaudern« legt sich schnell, wenn man auf die Herkunft der ungewohnten Geräusche neugierig geworden ist.

Der eigene Garten bietet sich als nächtlicher Erlebnisraum besonders an, denn hier fühlt man sich geschützt und geborgen. Man braucht nur still dazusitzen und die Umgebung mit Ohren und Nase wahrzunehmen, schon stellt sich ein ganz anderes Körpergefühl ein. Abends duftende Pflanzen sorgen für besondere Dufterlebnisse und mit einer naturnahen Gartengestaltung kann man Tiere in den Garten locken und kennenlernen.

In meinem Bekanntenkreis erlebe ich immer wieder, dass meine Nachtspaziergänge im Wald oder gar der nächtliche Aufenthalt in unserem großen Garten als »todesmutig« empfunden werden. Das erinnert mich immer wieder daran, dass viele Menschen Angst vor der Dunkelheit haben und ihnen so eine faszinierende Welt gänzlich unbekannt ist.

An dieser Stelle möchte ich mich bei Friedhelm Strickler für die fundierten Anregungen zu den geeigneten Pflanzen und bei Helmut Hintermeier für seine unermüdliche Insektenforschung bedanken. Ihnen, liebe Leserinnen und Leser, möchte ich mit diesem Buch Mut machen, Ihren eigenen Garten auch bei Dämmerung und Dunkelheit zu genießen, die Lichter auszulassen und einfach nur auf die Geräusche und Gerüche der Nacht zu achten. Mit ein paar kleineren Umgestaltungen von Sitzplatz und Garten ist es manchmal schon getan. Wer Gefallen findet an der abendlichen und nächtlichen Gartennutzung, kann sich nach meinen Anregungen ein kleines »Nachtparadies« erschaffen, das den Garten für die Menschen und die tierischen Mitbewohner bei Nacht, aber auch am Tag, beträchtlich attraktiver macht.

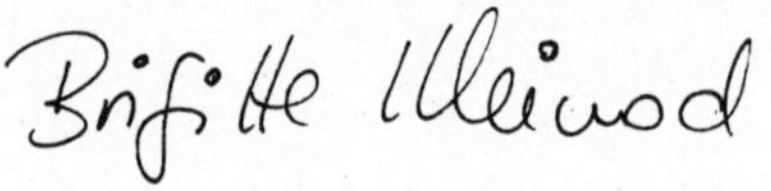

Wenn es Nacht wird im Garten

Licht aus, Augen und Ohren auf: Wer in den späten Abendstunden einen Streifzug durch den naturnahen Garten macht, entdeckt eine verborgene Welt. Helle Blüten und silbriges Laub schaffen eine geheimnisvolle Atmosphäre, duftende Pflanzen betören die Sinne und geheimnisvolles Rascheln lässt aufhorchen. Denn die Natur schläft nicht! In Dämmerung und Dunkelheit erwachen viele Tiere, verlassen ihren Unterschlupf und gehen auf Futtersuche.

Nachtaktive Tiere unterscheiden sich deutlich von den tagaktiven, denn im Dunkeln sind andere Fähigkeiten gefragt als am hellen Tag: große Augen, die in der Dämmerung und bei Mondlicht sehen können, Ohren, die das leiseste Rascheln hören, eine Nase, die im Dunkeln den Weg weist. Aber auch spezielle Sinne wie Tasthaare bei vielen Säugetieren sind Anpassungen an die Dunkelheit der Nacht. Ganz speziell ist das Echoortungssystem der Fledermäuse, mit dem sie sich in völliger Dunkelheit orientieren und ihre Beutetiere orten. Diese mussten sich im Laufe der Evolution anpassen und so hören z. B. die Nachtfalter die Ultraschalllaute der Fledermäuse ebenfalls und bringen sich möglichst in Sicherheit. Doch warum sind sie überhaupt nachts und nicht am Tag unterwegs?

Das Nachtleben ist eine ökologische Nische, die einen bei Tag bereits gut besetzten Lebensraum nutzt und vor tagaktiven Feinden schützt. Doch natürlich haben sich auch einige Räuber an das Nachtleben angepasst und jagen nachts. Und die nachtaktiven Blütenpflanzen nutzen die geringe Konkurrenz im Dunkeln und locken ganz gezielt die Nachtschmetterlinge für die Bestäubung an.

Das faszinierende Schauspiel, das ein Nachtgarten bieten kann, erschließt sich uns nur, wenn wir unseren Garten naturnah gestalten und die schönen Abende oder gar Nächte draußen verbringen. Wie das mit einfachen Mitteln geht, soll dieses Buch zeigen. Es soll außerdem Neugierde wecken, etwas »Licht« in die geheime Welt des Nachtgartens bringen, Tiere und Pflanzen vorstellen und die Vorteile aufzeigen, hin und wieder zum Nachtschwärmer zu werden.

Vom Nutzen der Dunkelheit

Einladende Vorgärten, bunte Staudenbeete, attraktive Gehölze: Zeitschriften und Bücher liefern viele Gestaltungsideen – für die Gartennutzung am Tag und meist auch nur für die Sommermonate. Die überwiegende Zahl der Gartenbesitzerinnen und -besitzer arbeitet aber tagsüber und kommt erst gegen Abend nach Hause. Sogar Kinder und Jugendliche haben heute ausgefüllte Arbeitstage und kehren erst am späten Nachmittag heim.

So ist es kein Wunder, dass die Gartennutzung oft auf die Wochenenden beschränkt bleibt, wobei der Samstag meist der Gartenpflege vorbehalten ist. Abends sitzt man im Sommer durchaus mal auf der Terrasse oder feiert am Wochenende mit Freunden. Das gesamte Potential, das ein Garten am Abend und bei Nacht zu jeder Jahreszeit bieten kann, wird jedoch von den wenigsten Gartenbesitzern ausgeschöpft. Das ist kein Wunder, denn ein Garten, der für die Tagesnutzung konzipiert wurde, kann abends und nachts sehr langweilig sein. Die Blüten sind geschlossen, der Rasen wird feucht vom Tau, die Vögel schlafen. Ruhebedürftige ärgern sich vielleicht über Lärm von Verkehr und Nachbarn, Wärmebedürftige fangen an zu frösteln. So zieht man sich lieber ins Haus zurück und schaut sich einen Naturfilm über ferne Länder an – und verpasst dabei die spannenden Momente vor der eigenen Haustür. Wer jedoch einmal beginnt, im Garten auf das Rascheln im Unterholz zu achten, am Abendhimmel nach Fledermäusen Ausschau zu halten oder an duftenden Nachtblühern zu schnuppern, beginnt zu ahnen, dass es in einem entsprechend gestalteten Umfeld nachts viel zu entdecken gibt.

Im eigenen Garten gibt es so viele Möglichkeiten, den Tag ausklingen zu lassen, den Feierabend zu genießen und die Nacht auf sich wirken zu lassen. Eine Vielzahl von Tieren ist nachts aktiv und sucht Gärten auf, die ihnen Nahrung und Deckung bieten. Viele Pflanzen sind mit weißen Blüten, silbrigem Laub und besonderen Düften auch in der Dämmerung und sogar im Dunkeln attraktiv. Sie werden von Nachtfaltern besucht, die wiederum Fledermäuse anlocken. Von einem behaglichen Aufenthaltsplatz aus kann man mit Einbruch der Dunkelheit

viele spannende Szenen sehen und hören, Abenddüfte und die besondere nächtliche Atmosphäre genießen. So kann der eigene Garten eine Quelle der Regeneration vom zu Ende gehenden und der Inspiration für den kommenden Tag werden.

Mit diesem Buch soll gezeigt werden, dass der Garten auch unter der Woche am Abend vielfältig genutzt werden kann. Das beschränkt sich keineswegs auf den Sommer, auch in Frühjahr und Herbst und selbst im Winter kann der Abendgarten sehr attraktiv sein. Vorgestellt werden Pflanzen, die den Garten abends und nachts durch ihre leuchtenden Farben und ihre Abenddüfte bereichern, sowie Stauden und Gehölze, die Nahrung für Nachtfalter bieten und viele andere Tiere in den Garten locken. Mit einer naturnahen, abwechslungsreichen Gestaltung, die Unterschlupf und Nistmöglichkeiten bietet, erhöht sich die Zahl der nächtlichen Besucher, aber auch viele tagaktive Arten profitieren davon. So kann aus einem überschaubaren, wenig genutzten »Tag- und Sommergarten« eine spannende naturnahe Miniwildnis entstehen, in der es am Abend und in der Dunkelheit, aber auch am Tag immer wieder Neues zu entdecken gibt.

Was wir Ihnen zeigen möchten:

- ▹ Geschützte Abendplätze zum Entspannen
- ▹ Möglichkeiten, auch am Abend im Garten aktiv zu sein
- ▹ Naturnahe und tierfreundliche Gartengestaltungen für nachtaktive Tiere
- ▹ Pflanzen, die am Abend blühen und duften
- ▹ Schöne Beete für lauschige Abendstunden und den Blick von drinnen
- ▹ Ästhetisch ansprechende Beleuchtung ohne negative Effekte auf Insekten

Was passiert im Nachtgarten?

Wer seine anfänglichen Vorbehalte oder gar Furcht vor der Dämmerung und der Nacht einmal überwunden hat, entdeckt eine ihm völlig unbekannte Welt im eigenen Garten.

Voraussetzungen sind, neben der naturnahen Gestaltung, der Verzicht auf üppige Beleuchtung und lärmende Aktivitäten. Ganz entspannt, gewöhnen sich die Augen bald an das fehlende Licht und sehen Dinge, die man bei Tag nicht wahrgenommen hat. Der Garten wirkt plötzlich viel größer und die Bäume höher. Statt bunter Farben treten jetzt die Umrisse der Pflanzen in den Vordergrund und heben sich als Silhouetten gegen den Himmel ab. Das Restlicht nach dem Sonnenuntergang sowie das Mondlicht reichen meist völlig aus, helles Laub und leuchtende Blüten, aber auch viele Tiere wahrzunehmen.

Gleichzeitig werden andere Sinne wach. Gehör und Geruchssinn reagieren viel sensibler, wenn die optischen Reize nachlassen. Aber auch Tast- und Geschmackssinn sind empfindlicher, wie jeder weiß, der einmal einen Dunkelpfad besucht oder in einem Dunkelrestaurant gegessen hat. Gleichzeitig können sich die Augen von den anstrengenden Tagesaktivitäten erholen.

Aber auch der Geist regeneriert sich, denn die optischen Eindrücke dominieren unser Fühlen, Denken und Handeln Tag für Tag. Kreative schätzen deshalb die Abend- und Nachtstunden besonders, da sie den anderen Sinnesorganen erlauben, neue Eindrücke zu gewinnen, die dann oft zu ganz anderen Ideen führen. So dient der Abend- und Nachtgarten nicht nur der Entspannung und Regeneration, sondern weckt auch Erinnerungen, Gefühle und Kreativität in uns.

Darüber hinaus gibt es abends und nachts eine spannende Tierwelt zu entdecken. Igel rascheln durch das Laub, Fledermäuse flattern durch die Nacht und Käuze lassen ihre Rufe erschallen. Vielleicht schleichen sogar Füchse durch den Garten. Sie alle haben ihre Sinne »geschärft«, um sich bei wenig bzw. ohne Licht orientieren zu können. Wir dagegen brauchen künstliches Licht, womit wir allerdings viele Tiere stören, vertreiben oder gar töten können. Wenn wir aber ganz still dasitzen und uns an die Dunkelheit gewöhnen, merken wir, dass sich unsere Sinne an Dämmerung und Dunkelheit anpassen können. Wir hören und riechen besser und sehen auch noch kleinste Bewegungen bei wenig Licht. Selbst unser Tastsinn ist ausgeprägter und ermöglicht uns auch einen Rundgang im Garten bei Dunkelheit.

Neben der Pflanzen- und Tierwelt bietet der Himmel über uns jeden Abend und jede Nacht ein anderes sehenswertes Schauspiel.

Wissen Sie, …

… was in Ihrem Garten abends und nachts passiert?
… wie viele Tierarten in Ihrem Garen nachts aktiv sind?
… wo sie sich tagsüber in Garten und Umgebung verstecken?
… welches Potential im Garten steckt, um am Abend genutzt zu werden?
… wie Sie Ihren Garten zum Abend- und Nachtgarten umgestalten können?
… welche Pflanzen am Abend blühen und duften?
… was Ihnen alles entgeht, wenn Sie den Garten nur am Tage nutzen?
… womit man einen Garten schön und umweltfreundlich beleuchten kann?
… wie Sie den Garten auch im Winter attraktiv gestalten können?

Tipp *In der Dämmerung, zwischen Sonnenuntergang und nächtlicher Dunkelheit, hat der Himmel eine tiefblaue Färbung, die durch die Ozonschicht verursacht wird (und nicht, wie am Tag, durch die Rayleigh-Streuung) – die Blaue Stunde. Die Farbtemperatur beträgt zwischen 9000 K und 12000 K (am Tag liegt sie bei 6500 K). Durch die Himmelsfärbung entsteht eine besondere Stimmung, die zahlreiche Dichter angeregt hat. Dieser Zeitpunkt bietet den idealen Einstieg, um sich gedanklich auf die Naturerlebnisse am Abend und in der Nacht einzustimmen.*

Entspannung am Abend

Abenddämmerung bezeichnet den fließenden Übergang zwischen Tag und Nacht. Sie entsteht nach Sonnenuntergang und reicht bis zur völligen Dunkelheit der Nacht. Ihre Dauer hängt von der Jahreszeit und dem geografischen Standort ab. Am 21. Juni und auf dem 50. Breitengrad dauert die Abenddämmerung beispielsweise zwei Stunden und geht fast übergangslos in die Morgendämmerung über.

Nächtliche Dunkelheit ist selten und nur noch in sehr dünn bzw. nicht besiedelten Gebieten erlebbar. Wenn nicht das reflektierte Licht des Mondes die Erde erhellt, sind es unzählige Lampen, die Erde und Nachthimmel anleuchten (mehr dazu auf Seite 187).

Unter Abend versteht man bei uns den letzten Tagesabschnitt vor der Nacht. Als Feierabend wird er als Ruhezeit nach der täglichen Arbeit geschätzt. Das langsame »Herunterschalten« von der Hektik des Tages ist wichtig für einen erholsamen Schlaf.

Im Garten ohne oder mit nur sehr geringer künstlicher Beleuchtung gelingt dieser Prozess am besten. Man sollte vorher noch eine Weile durch den Garten streifen, die müden Füße beim Barfußlaufen massieren, mit den Händen Pflanzen berühren und den Duft von Kräutern und Abendblüten genießen. Danach kann man auf einer Liege ruhen, die Füße hochlegen und den Abendgeräuschen lauschen. Tiefes Durchatmen und die Abenddämmerung genießen schalten Körper und Geist in den »Entspannungsmodus« herunter. So kann man die

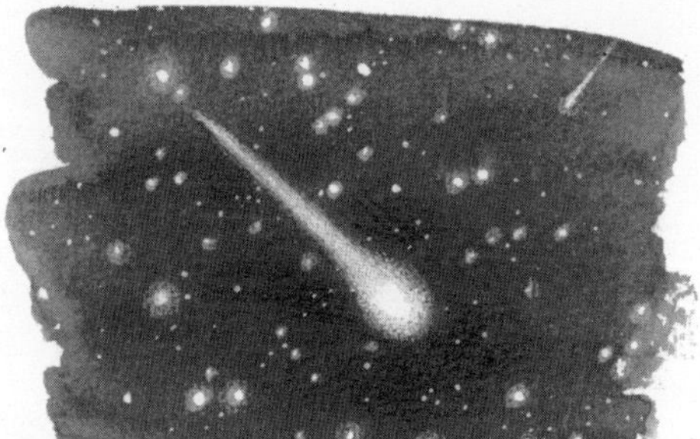

Abenddämmerung und die beginnende Nacht auf sich wirken lassen. Wer sich erst noch bewegen möchte, kann auch sein Fitnessgerät auf die Terrasse stellen oder einen Rundgang nach der Sauna oder Gymnastik machen. Man muss nirgendwo hinfahren und kann den eigenen Garten ganz entspannt genießen, denn hier fühlen sich auch Ängstliche sicher. So wird der Garten zum ganz persönlichen Feierabendgarten, der individuelle und kostengünstige Bewegungs- und Entspannungsmöglichkeiten bietet.

Dazu braucht man keine üppige Gartenbeleuchtung! Im Gegenteil, das Licht hindert sogar daran, sich zu entspannen. Nur dort, wo aus Sicherheitsgründen eine Beleuchtung nötig ist, wählt man die geringste Lichtstärke einer nach oben abgedeckten Lampe aus (mehr dazu ab Seite 173).

Möglichkeiten der Gartennutzung am Abend und bei Nacht

- Draußen aktiv sein und etwas für die Gesundheit tun.
- Entspannen nach Feierabend und den Tag draußen ausklingen lassen.
- Seh- und Dufterlebnisse durch besondere Nachtpflanzen genießen.
- Nachtaktive Tiere beobachten und kennenlernen.
- Dunkelheit erleben und Sterne beobachten.
- Bei ungünstiger Witterung: Gartenräume von drinnen betrachten und genießen.

Gartendüfte für Nachtschwärmer

Duftpflanzen haben eine wohltuende Wirkung auf Körper und Seele, sie wirken auf uns Menschen belebend und anregend oder entspannend. Wenn wir den nachtduftenden Pflanzen im Garten und auf der Terrasse ein Plätzchen reservieren, helfen sie uns, den Tag ruhig ausklingen zu lassen. Für menschliche Nachtschwärmer sind sie besonders gut geeignet, denn viele von ihnen offenbaren erst in den Abendstunden ihre wahre Schönheit und intensiven Düfte (siehe dazu auch Seite 67). Während die meisten Blumen tagsüber vor allem durch ihre prächtigen Farben bei den Insekten punkten, locken nachtblühende Pflanzen wie Gemshorn und Nachtviole die Blütenbestäuber durch ihre betörenden Düfte an. Die Blüten sind am Tag meist unscheinbar und öffnen sich erst in den Abendstunden. Bei der Nachtkerze, an deren ährenförmigen Blütenstand sich allabendlich neue Blüten öffnen, um dann tagsüber wieder zu verwelken, lässt sich dieses Naturschauspiel besonders gut verfolgen.

Bald werden sich an den Blüten Schwärmer einfinden, die mit ihren Saugrüsseln im Schwirrflug Nektar sammeln, oder Eulenfalter wie das Rote Ordensband, die sich bei vermeintlicher Gefahr abrupt fallen lassen (mehr dazu ab Seite 100).

Die Nachtfalter wiederum sind begehrtes Futter für Fledermäuse, die sich besonders dann einfinden werden, wenn der Garten fledermausfreundlich gestaltet ist (siehe dazu Seite 108). Mit etwas Glück und passender Wetterlage können wir den Jagdflug der faszinierenden Geschöpfe, die den Tag kopfüber hängend verschlafen, in der Dunkelheit beobachten.

Wäre es nicht sehr schade, all das zu verpassen?

Kleine Veränderungen mit großer Wirkung

Um aus einem reinen »Taggarten« auch einen »Abend- und Nachtgarten« zu machen, sind meist keine großen Umbauarbeiten nötig. Oft genügen kleine Veränderungen, um angenehme Sitz- und Ruheplätze zu schaffen, und passende Bepflanzungen der Beete. Die Pflanzen locken wiederum interessante Tiere in den Garten. So kann der Garten mit wenig Aufwand für Mensch und Tier »rund um die Uhr« attraktiver werden.

Zu den in diesem Buch vorgestellten Projekten finden Sie Listen von Pflanzen, die nach ihrer Attraktivität für den Abend und die Nacht ausgesucht wurden. Sie sind aber auch am Tage interessant und bereichern den Garten für Tiere und Menschen.

Kurzporträts sollen Ihnen bei den Tierbeobachtungen helfen und das Bestimmen der nächtlichen Besucher erleichtern. Allerdings ist es hilfreich, sich zusätzlich über Tierstimmen mittels CD oder Internet zu informieren. Bestimmungsbücher sind ebenfalls begleitend hilfreich (Literaturtipps finden Sie auf Seite 192).

Tipps für die Tierquartiere spiegeln die langjährige Erfahrung von Naturschützern und Biologen wider. Sie lassen sich sicher noch erweitern, denn viele Tiere in Menschennähe sind sehr erfindungsreich und anpassungsfähig.

Das Thema Gartenbeleuchtung sollte aber auch nicht ausgespart werden. Schließlich dient so manche Lampe der eigenen Sicherheit oder dem stimmungsvollen Beleuchten des Gartens. Doch gerade hier ist es wichtig, nur so viel und solange wie unbedingt nötig zu beleuchten, da man den Abend und die Nacht nicht zum Tage machen sollte. Das tut weder uns noch den Tieren gut!

Tipp *Nachtsichtgeräte erlauben es, Tiere im Dunkeln zu beobachten. Sie verstärken vorhandenes Restlich, wie z. B. von Mond, Sternen und Objekten. Das Licht trifft durch ein spezielles Objektiv auf eine Bildverstärkerröhre, die das Licht verstärkt. Der Betrachter sieht das Objekt daraufhin hell, aber grün.*

Voraussetzungen für einen erlebnisreichen Abend- und Nachtgarten

Jeder Garten, und sei er noch so klein, birgt Potential für einen entspannten Abend- und spannenden Nachtgarten. Bevor man jedoch gleich zum Spaten greift und Beete und Plätze umgestaltet, sollte man erst einmal beobachten, was sich im Garten am Abend und in der Nacht so tut. Alle Veränderungen sollte man anschließend behutsam angehen, damit man keine Tiere vertreibt, von deren nächtlichen Besuchen man bisher nichts wusste. Und sicherlich ist auch bereits die eine oder andere vorhandene Pflanze bei Nacht attraktiv.

Seinen Garten bei Nacht kann man aber nur kennenlernen, wenn man einige Abende und Nächte ohne künstliche Beleuchtung darin verbringt. Wenn sich die eigenen Augen an das Dunkel gewöhnt haben und das Gehör und der Geruchssinn empfindsamer reagieren, wird man vieles wahrnehmen, was einem bislang verborgen war.

Grundsätzliches und Planung

Bevor man seinen Garten als Abend- bzw. Nachtgarten plant, gestaltet oder umgestaltet, sollte man sich gut mit den eigenen Wünschen und Bedürfnissen auseinandersetzen. Und die Wünsche der Mitbewohner sind natürlich auch zu beachten. Außerdem sollte man bei allen Abend- und Nachtaktivitäten Rücksicht auf die Nachbarn nehmen. Umgekehrt können aber auch diese störend sein. Doch die Abendaktivitäten der Nachbarn beschränken sich meist auf wenige warme Sommerabende, während wir so viele Abende wie möglich draußen im Freien verbringen möchten.

Gegen Kälte und Wind kann man sich mit Decken und passender Kleidung schützen, gegen Regen mit einer Überdachung. Ein Sicht- oder Blendschutz ist meist auch einfach zu errichten. Schwieriger wird es beim Lärmschutz, der nur durch dicke Wände mit viel Masse erreicht werden kann. Meist hilft es nur, den Lärm mit wenigen wohltuenden Klängen zu »überdecken«.

So kann man z. B. das Rauschen des Straßenverkehrs mit dem Gemurmel oder Geplätscher eines Wasserspiels »ausblenden«. Prüfen Sie erst genau, was Sie zur Abend- und Nachtzeit stört, bevor Sie eine bauliche Maßnahme planen.

Einen Abend- und Nachtgarten planen

Das Beantworten folgender Fragen kann bei der Planung hilfreich sein:

Wann?

- Zu welchen Abend- oder Nachtstunden werde ich den Garten aufsuchen?
- Zu welcher Jahreszeit kann ich mir einen Aufenthalt im Garten am Abend vorstellen?
- Wann ist es hier besonders ruhig?

Was?

- Will ich mich in erster Linie am Abend entspannen oder eher aktiv sein?
- Möchte ich auch zum Essen möglichst oft draußen sitzen?
- Nutze ich den Garten alleine, zu zweit oder mit Familie bzw. Freunden?
- Möchte ich vorwiegend Tieren ein Refugium bieten?
- Stehen für mich die Pflanzen im Vordergrund?
- Was wünsche ich mir noch?

Wo?

- An welcher Stelle kann ich meinen Abendplatz am besten einrichten?
- Wo gibt es die notwendige Ruhe, Sichtschutz und Wärme?
- Wo benötige ich gegebenenfalls Stromanschluss und Licht?
- Wo lassen sich Refugien für nachtaktive Tiere einrichten?
- Wo möchte ich gerne nachtblühende oder nachtduftende Stauden und Gehölze pflanzen?

Wie?

- Auf welche Weise könnte ich bereits vorhandene Gebäude, Gartenteile und Pflanzen nutzen, um meinen Abendgarten zu gestalten?
- Wie gehe ich bei der (Um-)Gestaltung am sinnvollsten und schonendsten vor?
- Wie bringe ich das benötigte Material in den Garten?

Wer?

- Wer könnte meine Pläne umsetzen und mir bei der Gestaltung behilflich sein? Brauche ich dazu einen Gartenberater, -planer oder -bauer?
- Wer liefert naturnahe Materialien und heimische Pflanzen?
- Wer kennt sich mit nachtaktiven Tieren aus und kann mich im Zweifelsfall beraten?

Sichtschutz verschafft Entspannung

Besonders bei kleinen Gärten steht der Sichtschutz ganz oben auf der Wunschliste vieler Gartenbesitzer. So schön Geselligkeit oder ein Schwätzchen mit dem Nachbarn über den Gartenzaun sind, so wichtig sind auch Zeiten der Ruhe und des Allein- und Ungezwungenseins im eigenen Garten.

In der Regel wird die Privatsphäre auf der Terrasse respektiert, da sie oft wie ein weiterer Wohnraum gestaltet und möbliert ist. Der Vorgarten und weiter vom Haus entfernte Gartenteile sowie Nutzgärten werden dagegen von Nachbarn und Besuchern wie »halböffentliche« Räume angesehen. Bietet sich dort ein Abendplatz an, muss die Gestaltung deutlich signalisieren, dass es sich um einen privaten Rückzugsraum handelt. Dazu muss man den Platz nicht nach allen Seiten abschirmen, zwei übereck angeordnete »Wände« aus Hecken oder begrünten Rankelementen reichen bereits, einen Raum zu markieren. Wird eine solche Nische zusätzlich mit einer Pergola überdacht, ist der Raumeindruck von außen und innen noch stärker. Auch eine Stufe zum geschützten Sitzplatz und/oder ein anderer Bodenbelag markieren den Raum und verhindern das Ignorieren der Privatsphäre.

Oftmals bieten sich bereits vorhandene oder geplante Gebäudeteile bzw. Nebengebäude für die Nutzung als geschützter Abendplatz an. Dies kann die Terrasse, ein Wintergarten, das Gartenhaus, ein Gewächshaus oder Pavillon sein. Steht eine Umgestaltung des alten Spielgerüstes der groß gewordenen Kinder an, kann man vielleicht dieses als Grundlage eines neu errichteten Sichtschutzes nutzen.

Bereits vorhandene Stützen, Außenwände von Nebengebäuden und andere Bauten sollten zur Errichtung des Abendplatzes genutzt werden, wenn die Himmelsrichtung stimmt. So spart man Kosten und verhindert, dass der Garten zergliedert wird. Wer neu baut oder umbaut, sollte den Bau einer geeigneten Nische, z. B. mit einer verlängerten Mauer, gleich mitplanen und -bauen. Dies ist immer preiswerter als nachträglich Gebautes. Außerdem erreicht man Lärmschutz nur mit massiven Bauwerken wie Mauern aus Stein, Gabionen oder Erdwällen. Diese speichern zudem aufgrund ihrer Masse Wärme, sodass sie

Die stabile Bankpergola dient als Rankhilfe für eine duftende Kletterrose und bietet einen lauschigen Sitzplatz bei Tag und Nacht.

alle drei Schutzfunktionen am besten erfüllen. Mit einer Bedachung kann man zusätzlich die nächtliche Abstrahlung bei klarem Himmel mindern und hat gleichzeitig einen Regenschutz. So stehen Liege oder Bank auch im Winter geschützt vor Schnee.

Tipp *Nachttiere lassen sich von unserer Anwesenheit in der Regel nicht stören. Man braucht sich nicht zu verstecken, wenn man Nachtschmetterlinge und Fledermäuse beobachten möchte. Sogar Fuchs und Marder ist es egal, ob wir sie beobachten, solange wir ganz still sitzen. Sie haben uns sowieso längst gerochen und akzeptieren uns als »Möbelstück«, solange wir uns ruhig verhalten. Wer nachts Tiere fotografieren oder filmen möchte, kann eine begrünte Laube oder einen Sichtschutz als Versteck nutzen, wo auch die Kamera gut geschützt ist. Flexibler ist man mit einem Tarnzelt, wie es auch von Tierfilmern genutzt wird. Es muss aber einige Tage vor dem Filmen aufgebaut werden, damit sich die Tiere daran gewöhnen.*

Sichtschutzvarianten im Vergleich

Sichtschutzelemente	Vorteile	Nachteile
Nebengebäude	haben weiteren praktischen Wert, bieten auch Lärmschutz, Dach- und Fassadenbegrünung sowie Schaffen von Tierquartieren möglich	ab einer gewissen Größe genehmigungspflichtig, Grenzabstände und Nachbarrecht müssen beachtet werden
Hochbeete, terrassierter Hang für Senkplatz	bieten rückengerecht zu pflegende Beetflächen, Lärmschutz, Hangsicherung	hoher baulicher Aufwand
Mauern und Wände aus Natur- oder Betonstein, Gabionen	langlebig, stabil, ganzjähriger Schutz, auch Stützfunktion, Lärmschutz, leichte Montage von Sonnen- bzw. Regenschutz, Wärmespeicher am Abend, gut zu begrünen, Unterschlupf für Tiere	hoher baulicher Aufwand, ggf. statische Berechnung, kostenintensiv, kaum veränderbar, kann Hitze stauen
massive Holzwände an Pfosten, Holzmauern aus Schwellen	langlebig, stabil, ganzjähriger Schutz, leichte Montage von Sonnen- bzw. Regenschutz, mäßiger Lärmschutz, viele Bau- und Gestaltungsmöglichkeiten im Selbstbau und mit Fertigteilen, gut zu begrünen	mittlerer baulicher Aufwand, konstruktiver Holzschutz muss beachtet werden, ggf. gelegentliche Holzpflege, kann Hitze stauen
Sichtschutz aus gestapeltem Brennholz oder Totholz zwischen Pfosten	schnell und preiswert, natürlicher Anblick, Totholz für Insekten, Nistplätze und Unterschlupf für Vögel bzw. Kleinsäuger, gut zu begrünen, mäßiger Lärmschutz	je nach Holzart und Dicke, Standort und Bedachung etwa 5 bis 10 Jahre haltbar, kann instabil werden
leichte Holzwände, Geflechte, Matten aus Naturmaterialien und Holzgitter	kostengünstig, leicht zu errichten bzw. wieder abzubauen, gut zu begrünen, Windbremse	kein Sonnen- oder Regenschutz, nur wenige Jahre haltbar, kein Lärmschutz

Sichtschutzelemente	Vorteile	Nachteile
temporärer Sichtschutz mit Vorhängen, Sonnensegeln, Rollregalen u. a.	sehr kostengünstig, leicht auf- und wieder abzubauen, flexibel in Platzwahl und zeitlicher Nutzung	nicht lange haltbar, kein Lärmschutz, windempfindlich
geschnittene immergrüne Hecken (Liguster, Eibe)	ganzjährig Sichtschutz, schöner Hintergrund, sehr dauerhaft, Windbremse, Unterschlupf und Nistplätze für Vögel oder Kleinsäuger	im Winter ggf. etwas düster wirkend, regelmäßiger Schnitt notwendig
geschnittene sommergrüne Hecke (Rot-Buche, Hainbuche, Feld-Ahorn)	Sichtschutz im Sommer und Herbst, Windbremse, Unterschlupf und Nistplätze für Vögel oder Kleinsäuger	regelmäßiger Schnitt notwendig
begrünte Drahtgitter und -zäune	sehr geringer Platzbedarf, schnelle Begrünung bei sommergrünen Kletterpflanzen, kann leicht selbst gebaut werden, relativ preiswert, lange haltbar, vorhandene Drahtzäune können genutzt und durch angeschraubte Pfosten und quer gespannte Drähte als Spalier erhöht werden, immergrüne Kletterpflanzen bieten dauerhaften Sichtschutz	wenig Pflegeaufwand, bei Bepflanzung mit einjährigen Kletterpflanzen etwas aufwendiger, fertig begrünte Elemente relativ teuer
frei wachsende Hecke (heimische Gehölze)	große Artenauswahl, Nahrung, Unterschlupf und Nistplätze für Tiere, abwechslungsreiche Optik mit Blüten, Laub und Früchten, preiswert in Anschaffung und Pflege	hoher Platzbedarf, alle 5 bis 10 Jahre abschnittsweise Schnitt notwendig

Entscheidungshilfen für die Abschirmung abendlicher Gartenplätze

- Wo brauche ich außer Sichtschutz auch Windschutz oder Lärmschutz?
- Wie hoch muss der Sichtschutz sein und welche Höhe ist erlaubt (Grenzabstände beachten)?
- Benötige ich auch Schutz über mir (Sichtschutz von oben, Sonnenschutz am Tag, Regenschutz)?
- Welche Breite bzw. Tiefe steht für den Sichtschutz zur Verfügung?
- Welche Funktionen könnte der Schutz noch erfüllen (schöner Hintergrund, Nistplatz für Vögel, Spalierobst …)?
- Soll der Sichtschutz den Garten dauerhaft gestalten (z. B. zur Hangsicherung, als Kombination aus gebauten Elementen und Hecken und anderen)?
- Soll der Sichtschutz mobil sein (z. B. zum Beobachten, Fotografieren oder Filmen von Tieren an verschiedenen Standorten im Garten)?

Tipp *Gebauter Sichtschutz kann an besonderen Stellen Durchblicke in Form von Fenstern haben. Mit Schiebe- oder Klappläden hat man sogar die Wahl, ob man sie öffnen oder schließen möchte. Eingebaute Regale bieten Platz für Dekoratives und Praktisches.*

Es muss aber nicht immer die Sichtschutzwand aus Holz sein! Matten aus Bambus, Schilfhalme, Weidenzweige, Haselruten, Cogongras, Heidekraut, Rinde und Farnkraut lassen sich einfach an vorhandenen Zäunen befestigen. Die Zaunpfosten kann man dazu nach Bedarf mit aufgesteckten Rohren oder angebundenen Pfählen verlängern.

Pflanzen bieten Schutz

Sichtschutzwände oder Mauern sehen begrünt am schönsten aus. Kletterpflanzen oder Spalierobst binden die gebauten Elemente in den Garten ein, duften vielleicht, liefern Früchte und bieten der Tierwelt Nahrung und Unterschlupf. Doch welche Pflanzen man verwenden möchte, sollte man bereits beim Bau des Sichtschutzes berücksichtigen.

Kletterpflanzen haben unterschiedliche Ansprüche an ihren Standort (Boden, Niederschlag, Temperatur, Lichtverhältnisse) und die Beschaffenheit der Kletterhilfe. Manche Arten halten sich selbst am Untergrund fest, nehmen aber nicht jede Unterlage an! Andere schlingen oder winden sich um Kletterhilfen, die unterschiedliche Maschenweite und Stabdurchmesser brauchen. Spreizklimmer wie Rosen brauchen viel Platz und ebenso wie Glyzinen (Winder) stabile Konstruktionen, da sie im Alter sehr schwer werden. Nachträglich angebrachte Drähte, Seile und andere Kletterhilfen sehen meist nach »Pfusch am Bau« aus. Dies kann durch gute Planung leicht verhindert werden. Am bedauerlichsten ist es, wenn eine eingewachsene Kletterpflanze wieder gerodet werden muss, weil sie zu groß oder schwer für die Kletterhilfe geworden ist.

Sichtschutz von oben erreicht man ebenfalls gut mit Kletterpflanzen, zumindest zur Vegetationszeit, wenn sie belaubt sind. Einen Regenschutz bieten sie aber nicht, auch wenn das Laub im Sommer noch so dicht ist. Dafür ist die Schattierung angenehmer als die eines gebauten Daches, denn die Blätter verdunsten viel Wasser und kühlen den Platz darunter.

Alle Kletterpflanzen brauchen einen humosen Boden und im Sommer ausreichende Wasserversorgung. Nutzpflanzen wie Spalierobst, Wein oder Kiwis müssen außerdem regelmäßig mit Nährstoffen versorgt und fachgerecht geschnitten werden, wenn sie gesunde Früchte tragen sollen.

Platzbedarf begrünter Sichtschutzmaßnahmen

Sichtschutz-varianten	Mindestbreite* (bei 1 – 2 m Höhe)	Bepflanzungs-beispiele	Bemerkungen
mobiler Sichtschutz mit Pflanzkästen	0,3 – 0,5 m	einjährige Küchenkräuter und Blumen	kann auf Rollen nach Bedarf verschoben werden
begrüntes Sichtschutzelement	0,5 m	ein- und mehrjährige Kletterpflanzen	nur wenig wüchsige Schlinger und Ranker verwenden
Hochbeet mit begrünter Rückwand	0,5 – 1 m	ein- und mehrjährige Kräuter, Kletterpflanzen und Stauden	pflegeleicht, da rückenschonend; auf dauerhafte Befüllung ohne Substratsackung achten!
sommergrüne, geschnittene Laubhecke	1 m	Rot-Buche, Hainbuche, Feld-Ahorn, Liguster	heimische Pflanzen, aber keine Blüten und Früchte, Lebensraum für Vögel und Kleinsäuger
immergrüne geschnittene Hecke	1 m	Eibe, wintergrüner Liguster, Buchs	heimische Pflanzen, blühen selten bis nicht, Lebensraum für Vögel und Kleinsäuger
begrünte Mauern (gemauert, Naturstein, Beton)	1 – 1,5 m	Efeu, Wilder Wein, Kletterpflanzen, Spalierobst an Kletterhilfe	heimische Pflanzen, duftende Blüten, Früchte und Nistplätze für Vögel
Gabionenwand (Steinschüttung im Drahtgitterkorb)	1 – 1,5 m	schlingende Kletterpflanzen	geringe Pflanzenauswahl, auch einjährige Schlinger
begrünte Trockenmauer	1,5 – 2 m	Stauden und Zwerggehölze in Fugen, am Fuß und auf der Mauerkrone	Spalten für Insekten, Reptilien, Amphibien und Kleinsäuger, viele heimische Blütenpflanzen und Farne, abwechslungsreiches Kleinbiotop

Sichtschutz-varianten	Mindestbreite* (bei 1 – 2 m Höhe)	Bepflanzungs-beispiele	Bemerkungen
Spalier für Obst	2 m	Himbeeren und Brombeeren, Spalieräpfel, Spalierbirnen, Pfirsiche, Wein	sollte möglichst von beiden Seiten erreichbar sein, regelmäßiger fachgerechter Schnitt notwendig
frei wachsende Laubhecke, einreihig	3 m	heimische Sträucher	Nahrung und Lebensraum für Insekten, Vögel, Kleinsäuger, pflegeleicht bei richtiger Auswahl und Pflanzabstand
frei wachsende Laubhecke zwei- bis dreireihig	5 – 7 m	kleine und größere heimische Sträucher, ergänzt um Kleinbäume wie z. B. Eberesche	Nahrung und Lebensraum für Insekten, Vögel, Kleinsäuger, punktueller Sichtschutz bis 6 m Höhe, abwechslungsreiches Biotop, wenig Pflegeaufwand
bepflanzter Erdwall	5 – 7 m	kleine und größere heimische Sträucher und Kleinbäume, Stauden	abwechslungsreiches Biotop, kann auch Verstecke enthalten, wenn der Wall im Kern entsprechend aufgebaut ist, guter Lärmschutz

* für Bauwerk und Begrünung

Tipp *Die notwendige Höhe des geplanten Sichtschutzes richtet sich danach, ob Sie stehend, sitzend oder liegend etwas in einer bestimmten Entfernung vor Ihren eigenen Augen abschirmen oder selbst nicht gesehen werden möchten.*

Grüne Wände aus Sträuchern

Gepflanzter Sichtschutz erfüllt noch weitere Funktionen, besonders wenn man heimische Sträucher pflanzt und Nachtschwärmer damit anlockt (siehe Seite 89). Für eine einreihige frei wachsende Hecke muss man mindestens drei Meter Breite einplanen. Dichter und artenreicher, aber auch fünf bis sieben Meter breit wird sie, wenn man zwei oder drei Reihen unterschiedlicher Sträucher im Versatz anordnet. Eine zwei- oder dreireihige frei wachsende Hecke ist nicht nur Sicht- und Windschutz, sondern auch Deckung, Lebensraum und Nahrungsquelle vieler heimischer Tierarten. Wird sie auf einen ausreichend hohen Wall gepflanzt, kann man zusätzlich einen guten Lärmschutz erreichen. Allerdings muss man hier alle baurechtlichen Bestimmungen für Aufschüttungen und Grenzabstände sowie Hanggefälle und -sicherung berücksichtigen.

Ist der Platz nicht ausreichend, stellt eine geschnittene Hecke eine gute Alternative dar. Die meisten Arten brauchen nur etwa einen Meter Breite, müssen dazu aber auch regelmäßig an beiden Seiten und der Oberkante geschnitten werden. Der Pflegeaufwand ist daher wesentlich höher als bei einer frei wachsenden Hecke, die man frühestens zehn Jahre nach der Pflanzung abschnittsweise fachgerecht bodennah abschneidet (»auf den Stock setzt«).

Lange Schnitthecken können ziemlich langweilig aussehen. Deshalb sollte man überlegen, ob man sie mit anderen Sichtschutzlösungen kombiniert, in der Höhe variiert oder Durchlässe frei hält. Eine gestaffelt bzw. in Abschnitten versetzt angeordnete Hecke hat ebenfalls Vorteile: Man kann durch sie hindurchgehen und selbst etwas dahinter verstecken, z. B. den Kompostplatz oder ein Gartentor.

Immergrüne Hecken sind als Hintergrund für Staudenbeete beliebt. Hier eignen sich aber nur Liguster und Eibe als heimische und mit angrenzenden Beeten bzw. Rasen verträgliche Heckenpflanzen. (Thuja wurzelt z. B. sehr oberflächennah und lässt in einer Breite, die der Höhe der Hecke entspricht, keine weiteren Pflanzen gedeihen.) Am praktischsten ist, wenn man vor der Hecke einen Arbeitsraum von mindestens 80 Zentimeter Breite zum Schneiden hat. Bei höheren Hecken muss man hier außerdem sicher eine Leiter aufstellen können.

Ein ebener, offenporig befestigter oder gepflasterter Weg gewährleistet gefahrloses Arbeiten und einfaches Zusammenkehren des Schnittguts. Angrenzender Rasen sollte immer eine bodenbündige Mähkante haben.

Pergola mit Kletterpflanzen, Bank und Hochbeeten

Kletterpflanzen sind der ideale Sichtschutz von Frühjahr bis Herbst. Die gebaute Kletterhilfe bietet zudem, je nach Bauart, auch Sichtschutz im Winter. Stellt man den Pflanzen die passende Rankhilfe zur Verfügung, kann man sie gut in die gewünschte Richtung lenken. Die Rankhilfe sollte dabei immer zur Klettertechnik der ausgewählten Pflanze passen. Für Selbstklimmer ist die Beschaffenheit des Untergrundes wichtig, für Winder die Stabdicke, für Ranker und Spreizklimmer die Maschenweite der Kletterhilfe. Die Kletterhilfe muss außerdem mit ausreichend Abstand (etwa 10 bis 15 Zentimeter) zur Mauer befestigt werden, damit sich die Triebe an Stein oder Mauerputz nicht wundscheuern.

Kletterpflanzen werden in der Gärtnerei in hohen schmalen Töpfen gezogen und brauchen ein etwa viermal so großes Pflanzloch. Das Pflanzbeet sollte mindestens 25, besser 30 Zentimeter tief und 80 bis 100 Zentimeter breit sein. Es darf nicht im Regenschatten von Gebäuden liegen. Deshalb sollte man einen Abstand zur Hauswand halten und die Pflanze mittels eines Stabes zur Kletterhilfe leiten. Das Pflanzloch füllt man für alle Arten und Sorten mit humoser Erde, z. B. einer Mischung aus der vorhandenen Gartenerde mit viel Rindenhumus.

Der Wurzelballen wird leicht schräg gepflanzt, damit sich am Trieb weitere Wurzeln bilden können. Rund um das Pflanzloch schafft man einen Gießrand und wässert die Pflanzen das erste Jahr ausgiebig. Aufgrund ihrer hohen Blattmasse haben sie im Sommer einen hohen Wasserbedarf. Den Boden sollte man dick mit Holzhäcksel oder Rindenschnitzel mulchen. Fällt hier Sonne hin, sollte man für eine Beschattung des Pflanzbeetes sorgen, denn die meisten Kletterpflanzen (außer Rosen) lieben kühle feuchte »Füße«.

Mehrjährige Kletterpflanzen wachsen und überwintern auch in größeren Hochbeeten, haben hier aber im Sommer einen hohen Wasserbedarf. Kübel mit geschlossenem Boden sind nicht optimal, da die Pflanzen im gewachsenen Boden im Winter frostfrei wurzeln müssen.

Die Kombination einer Pergola mit Hochbeeten ermöglicht es, Duftpflanzen und Kräuter auf »Nasenhöhe« anzupflanzen und zu genießen. Ein begrüntes Rankgitter im Rücken bietet Sicht- und Windschutz. Bepflanzt mit Tag- und Nachtduftern, verspricht der Sitzplatz zu allen Tages- und Jahreszeiten einen angenehmen Aufenthalt.

Ausdauernde Kletterpflanzen für Pergola und Sichtschutz (schwach bis mittelstark wachsend)

Deutscher Name *Botanischer Name*	**Kletterform (Kletterhilfe)**	**Blütenfarbe (Blühmonate)**	**Standort**
Alpen-Waldrebe* *Clematis alpina*	Blattstiel-Ranker (Gitter)	blau (5 – 6)	halbschattig bis schattig
Duft-Clematis, Brennende Waldrebe *Clematis flammula*	Blattstiel-Ranker (Gitter)	reinweiß, stark duftend (7 – 9)	sonnig bis halbschattig, Schatten am Fuß
Großblumige Waldreben *Clematis-Hybriden*	Blattstiel-Ranker (Gitter)	diverse Farben und Blühzeiten	sonnig bis halbschattig
Duftglöckchen-Waldrebe *Clematis rehderiana*	Blattstiel-Ranker (Gitter)	cremegelb, duftend (8 – 11)	sonnig bis halbschattig
Mongolische Waldrebe *Clematis tangutica*	Blattstiel-Ranker (Gitter)	gelb (6 – 9)	sonnig bis halbschattig
Italienische Waldrebe *Clematis viticella*	Blattstiel-Ranker (Gitter)	violett (8 – 10)	sonnig bis halbschattig
Efeu in Sorten* *Hedera helix*	immergrüner Selbstklimmer	gelb, nur Altersform (9 – 11)	halbschattig bis schattig
Winter-Jasmin *Jasminum nudiflorum*	immergrüner Spreizklimmer (Gitter, anbinden)	gelb (1 – 4)	sonnig bis halbschattig
Immergrünes Geißblatt *Lonicera henryi*	immergrüner Schlinger (Stäbe oder Gitter)	gelbrot (6 – 9)	sonnig bis halbschattig
Wald-Geißblatt* *Lonicera periclymenum*	Schlinger (Stäbe oder Gitter)	gelbweiß, abends duftend (5 – 6)	sonnig bis halbschattig
Gold-Geißblatt *Lonicera × tellmanniana*	Schlinger (Stäbe oder Gitter)	orange (5 – 6)	sonnig bis halbschattig
Kletterrosen *Rosa* in Arten und Sorten	Spreizklimmer (Gitter oder festbinden)	weiß, gelb, rosa, rot, nur nicht- und halb gefüllte Sorten duften (6 – 8)	sonnig, lehmige Erde

* heimische Pflanze

Mobiler Sichtschutz für die Terrasse

Wer nur eine kleine Terrasse, einen gemieteten Garten oder eine Dachterrasse zur Verfügung hat, kann sich mit Kübelpflanzen einen schönen Sichtschutz schaffen. Manche Pflanzen können im Haus überwintern, andere benötigen einen kühlen frostfreien Platz in einem Nebengebäude oder Wintergarten. Stellt man die schweren Kübel auf Rolluntersetzer, kann man sie rückenschonend an die richtige Stelle bzw. ins Winterquartier rollen.

Am einfachsten sind die Einjährigen, die jedes Jahr wieder im Kübel ausgesät werden. Wenn man die Samen im Haus vorzieht, beginnt die Saison entsprechend früher. Sie bieten vom späten Frühjahr bis zum ersten Frost ausreichenden Sichtschutz, um in den Abend- und Nachtstunden ungestört draußen sitzen zu können.

Ausdauernde Kletterpflanzen für Hochbeete und Kübel (mit passender Kletterhilfe)

Deutscher Name *Botanischer Name*	**Wuchs und Blüte**	**Standort und Pflege**
Pracht-Bougainvillea *Bougainvillea spectabilis*	im Kübel bis 2 m hoch, Spreizklimmer, violette Hochblätter und kleine weiße Blüten	vollsonnig, in wasserdurchlässiger, nährstoffreicher Erde, im Sommer hoher Wasserbedarf überwintert auch halbdunkel bei 10 bis 15 °C
Glockenrebe *Cobaea scandens*	bis 6 m rankend, Blütenfarbe von Grüngelb über Purpur bis Violett, von Juli bis Oktober blühend	sonnig bis halbschattig, sandig humoser Boden, hoher Wasser- und Nährstoffbedarf, kann bei 10 °C überwintern
Blaue Mauritius *Convolvulus sabatius*	schlank aufrecht, bis 2 m, blaue Trichterblüten von Mai bis Oktober	sonnig und warm, sandig humoser Boden, trocken bis feucht, nur selten düngen, nicht frosthart, kühl und hell überwintern
Mandevilla in Sorten *Dipladenia, Mandevilla*	schlingt 0,5 bis 3 m hoch, weiße, rosa oder rote Blüten, giftig!	sonnig bis halbschattig, nicht zu heiß, hohe Luftfeuchte, regelmäßig gießen, zur Überwinterung zurückschneiden, bei heller Überwinterung (8 bis 15 °C) immergrün
Sternwinde, Quamoclit *Ipomoea lobata*	schlingt sich bis 3 m hoch, rote bis gelbe Blüten von Juli bis Oktober	sonnig, wind- und regengeschützt, durchlässiger sandig humoser Boden, hoher Dünger- und Wasserbedarf, überwintert hell bei 10 °C
Jasmin *Jasminum officinale (J. azoricum, J. angulare, J. polyanthum)*	schlingt sich mehrere Meter hoch um Stäbe, weiße Blüten duften intensiv im Spätsommer	vollsonnig bis halbschattig, hoher Wasser- und Nährstoffbedarf; kalt, aber frostfrei, auch dunkel, überwintern
Sternjasmin *Trachelospermum jasminoides, Trachelospermum asiaticum*	immergrün, langsam wachsend, schlingt bis 3 m hoch, weiße Blüten (*T. asiaticum* hellgelb), intensiv wie Jasmin duftend	sonnig bis halbschattig, mäßig nährstoffreiche Erde, verträgt auch kurzfristige Trockenphasen, kann im Haus vor Sonne geschützt überwintern

Einjährige Kletterpflanzen für Hochbeete und Kübel (mit passender Kletterhilfe)

Deutscher Name *Botanischer Name*	**Wuchs und Blüte**	**Standort und Pflege**
Ballonrebe *Cardiospermum halicacabum*	schnell wachsend, aufrecht rankend, 1,5 bis 4 m, grünlich weiße Blüten, ballonförmige Früchte ab Juli	sonnig, warm, geschützt, Boden sandig humos, hoher Wasser- und Nährstoffbedarf
Duft-Wicke *Lathyrus odoratus*	rankt bis zu 2,5 m hoch, blüht purpurrosa oder in Sorten mehrfarbig von Juli bis September, stark duftend	sonnig bis halbschattig und windgeschützt, sandig humose Erde, hoher Wasser- und Nährstoffbedarf
Feuer-Bohne *Phaseolus coccineus*	rankt bis 2,5 m hoch an Stäben, Blüten orangerot, von Juli bis September, Bohnen gekocht essbar	sonnig, sandiger, eher nährstoffarmer Boden, im Sommer nicht austrocknen lassen
Schwarzäugige Susanne *Thunbergia alata* (in Sorten)	schlingt bis 3 m hoch, weiße, rosa, gelbe oder orangefarbene Blüten von Juni bis Oktober	sonnig bis halbschattig in durchlässiger, nährstoffreicher Erde, hoher Wasserbedarf, aber keine Staunässe

Tipp *Kübel auf Balkon oder Terrasse kann man im Winter mit einer Wärmedämmung versehen. Dazu stellt man sie auf eine Styroporplatte und packt sie dick mit Noppenfolie ein. Kübel im Regenschatten kann man auch in einen größeren Karton oder in eine Kiste stellen und die Hohlräume mit Stroh, Holzwolle oder trockenem Laub auffüllen. Eine Isolierung schützt nicht vor lang anhaltendem Frost, verzögert aber das Gefrieren und hilft den Pflanzenwurzeln, sich langsam an die Kälte anzupassen.*

Lärmschutz und Wärmespeicher

Für einen ungestörten Abendgenuss ist Lärmschutz wichtig. Außerdem wird es abends und nachts kühler, sodass der Aufenthaltsplatz lange die Wärme des Tages speichern sollte. Gebauter Lärmschutz ist sehr wirkungsvoll, jedoch sehr aufwendig. Man braucht viel Masse in Form von Erdwällen, Mauern oder Gabionen, um Schall wirklich abzuhalten. Außerdem ergeben sich an harten, ebenen Mauern Reflexionen, die dazu führen können, dass der Schall zu einem gegenüberliegenden Gebäude und von dort wieder zurück in den eigenen Garten geleitet wird.

Ein runder Senkgarten bzw. Senkplatz mit gestuften Mauern und Bepflanzung ist dagegen eine gute Möglichkeit, liegend oder sitzend den Lärm auszusperren. Hier wird eintreffender Schall nicht direkt reflektiert, sondern durch die Trichterform des Senkplatzes in alle Richtungen gestreut. Ein großer Anteil »fängt« sich in den unregelmäßigen Strukturen der Steine und der Bepflanzung. Die Pflanzen sollten stand-

ortgerecht ausgewählt werden, z. B. mit mediterranen Halbgehölzen, die sich auch als Gewürze in der Küche verwenden lassen. Damit sie in unseren Breiten winterhart sind, müssen Dränage und das passende Pflanzsubstrat bei Planung und Bau berücksichtigt werden. Der Bau eines Senkgartens muss gut geplant und sachgerecht ausgeführt werden. Für die Planung bezieht man besser einen Gartenberater ein, der auch eine ergonomische Gestaltung und die Pflege der Beete beachtet.

Auch Erdwälle sind aufwendig im Bau und müssen genehmigt werden. Bepflanzt stellen sie aber einen guten Lärmschutz dar. Dichte Hecken allein können den Schall nur etwas zerstreuen, helfen aber psychologisch gegen den Effekt nah vorbeifahrender Autos und fangen viel Staub ab.

Gegen Schall von oben (Flugzeuge) helfen nur massive oder durch eine Begrünung schallgedämmte Dächer. Weniger aufwendig kann es sein, sich durch angenehmes Plätschern oder raschelnde Blätter abzulenken, denn nahe angenehme Geräusche lassen störenden Lärm in den Hintergrund treten. So kann man z. B. hohe Gräser als Sichtschutz pflanzen, die schön rascheln, oder man stellt einen leise plätschernden Sprudelstein auf.

Gebauter Lärmschutz aus Stein ist ein guter Wärmespeicher, wenn tagsüber die Sonne auf die Mauer treffen kann. Die Steine geben dann abends und nachts die Wärme wieder an die Umgebung ab. Ein Belag aus dunklen Steinen macht den Platz ebenfalls warm für den Abend.

Ein abendlicher Sitzplatz kühlt auch nicht so schnell aus, wenn er ein Dach hat. Alle Dacheindeckungen mindern die nächtliche Abstrahlung, egal, um welches Material es sich handelt. Ein weiterer Vorteil ist, dass man auch bei Regen (und bei Tag vor Sonne) geschützt ist.

Tipp *Probieren Sie erst an mehreren warmen und kühleren Abenden aus, welcher Sitzplatz Ihnen am meisten behagt. Überlegen Sie dann, wie Sie störende Geräusche, kühle Luftströmungen, blendende Laternen und andere Störungen für den Genuss Ihres Nachtgartens abschirmen können. Mit mobilen Elementen wie Sonnenschirm, Sonnensegel, Paravent oder Windschutz sollten Sie erst einmal ausprobieren, wie der Platz behaglich gestaltet werden kann, bevor Sie größere bauliche Arbeiten vornehmen.*

Pflanzen für den Abend- und Nachtgarten

Ein Garten mit schönen Pflanzen trägt ganz wesentlich dazu bei, Stress abzubauen und zur Ruhe zu finden. Ein »grüner Empfang« nach Feierabend bereits im Vorgarten oder ein schöner Weg, vorbei an duftenden Sträuchern und Stauden, leiten die Zeit der Regeneration im eigenen Garten ein. Das Abendessen kann auf der Terrasse neben duftenden Blumen und aromatischen Kräutern eingenommen werden. Später entspannt man an einem geschützten Plätzchen, hört das Rascheln von Blättern und des Igels, der durch den Garten streift. Man genießt die Abendstimmung, beobachtet Nachtfalter und Fledermäuse und atmet die Nachtluft, aromatisiert vom Duft der Blüten, ein. Zum Abschluss gönnt man sich noch einen Entspannungstee aus dem eigenen Kräuterbeet und beobachtet, wie die Tiere der Nacht den Garten erobern.

Es gibt viele Möglichkeiten, den Abend- und Nachtgarten mit Pflanzen zu gestalten: Sie können Gräser und Gehölze als Sichtschutz pflanzen, das Rascheln der Blätter zum Überdecken von Lärm nutzen, einen Duftplatz bepflanzen, interessante Pflanzen optisch in Szene setzen, mit weißen Blüten geheimnisvolle Stimmungen schaffen, Nachtfalter und Fledermäuse anlocken und vieles Weitere mehr.

Im Folgenden finden Sie einige Projekte, die sich einfach im Garten umsetzen lassen. Selbstverständlich können Sie die Vorschläge auch nach Ihren Bedürfnissen abwandeln. Beachten Sie dabei aber immer die Angaben zu den Standortbedingungen Licht und Boden. Die genannten Pflanzen sind vorwiegend heimisch und haben besonderen Wert für Tiere, insbesondere Nachtfalter und andere Insekten.

Tipp *Wer heimischen Pflanzen den Vorzug gibt, hat die besten Voraussetzungen geschaffen, um im Abend- und Nachtgarten interessante Tiere zu beobachten. Blütenbesuchende Insekten haben sich in vielen Jahrtausenden an Bau und Inhaltsstoffe der Blütenpflanzen angepasst. Eine Anpassung an fremdländische Arten kann zwar gelingen, dauert aber oft viele Jahrzehnte oder gar Jahrhunderte. Die Insekten müssen dazu eine Evolution durchlaufen, um sich sowohl an den Blütenbau als auch, z. B. als Schmetterlingsraupe, an die ungewohnten Inhaltsstoffe der neuen Pflanze anpassen. Dies gelingt selten und so verschwinden viele heimische Insektenarten dort, wo überwiegend Exoten in Gärten gepflanzt werden.*

Heimkommen im Sommer

Abendliche Entspannung ist nicht nur sitzend oder liegend möglich. Wer den Tag am Schreibtisch im Büro verbringt, sehnt sich vielleicht nach entspannender Bewegung als Ausgleich. Ein Rundgang durch den eigenen Garten ist nach dem Heimkommen genau das Richtige! Man kann sich auch bei leichter Gartenarbeit entspannen, ist dabei aber auch auf Licht angewiesen. Im Dunkeln kann man aber immer noch einen Rundgang machen, die Beine im Kneippbecken erfrischen oder barfuß durchs feuchte Gras laufen. Besonders wohltuend ist es, wenn einem dabei entspannender Duft entgegenströmt. Ein Duftpfad ist allerdings nicht für intensiven Gebrauch gedacht. Dort, wo man täglich läuft, sollte man die auf Seite 42 vorgestellten Pflanzen zwischen breite Fugen von Platten oder Steinen säen oder pflanzen.

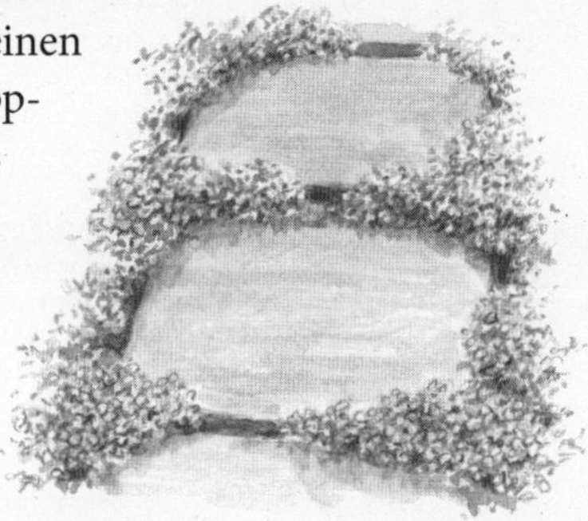

Duftenden Thymianpfad säen

Thymian ist ein mediterranes Halbgehölz und braucht viel Sonne. Da er verholzende Triebe und kleine, harte, nadelförmige Blätter hat, braucht man zum Barfußlaufen schon etwas abgehärtete Fußsohlen. Mehr noch stört dabei das Pflanzsubstrat, das mit viel Sand und Splitt gemischt werden muss. Da das Gemisch an den Füßen kleben bleiben kann, eignen sich Thymianpfade eher für das Betreten mit Schuhen.

Für die Anlage eines Thymianpfades muss der Boden tiefgründig gelockert und von Pflanzenteilen befreit werden. Für einen mageren, kalkhaltigen und wasserdurchlässigen Boden arbeitet man viel Sand und Kalksplitt in die vorhandene Gartenerde ein. Die Samen werden obenauf gestreut (etwa 5 g/m^2) und mit einer 1 bis 2 Zentimeter dünnen Schicht aus Sand oder Kalksplitt abgedeckt.

Thymian wächst auch in reinem Kalksplitt mit Null-Anteilen (Korngröße 0/16). Bei lehmigem oder mit viel Unkraut durchsetztem Boden kann man zunächst ein Unkrautvlies auslegen und darauf eine 5 bis 10 Zentimeter dicke Schicht Kalksplitt schütten. Nach dem Einsäen festwalzen oder festtreten und regelmäßig mit der Brause gießen, bis die gekeimten Pflänzchen eine dichte Decke bilden. Ab September und in den Folgejahren nur noch in langen Trockenperioden gießen.

Ist bereits ein Wegeunterbau aus Schotter vorhanden, schüttet man darauf reinen Kalksplitt oder eine magere Mischung aus Sand und wenig sterilem Kompost. Nach dem Säen wird festgewalzt und mit etwas Sand oder Splitt abgestreut. Danach die Fläche vorsichtig überbrausen oder auf den nächsten Regen warten.

Für eine Fugenbepflanzung kehrt man etwas gesiebten Kompost zusammen mit Splitt oder reinem Kalksplitt (Korngröße 0/16) in die mindestens 1, besser 2 Zentimeter breiten Fugen und sät sie anschließend ein (Samenbedarf 1 – 2 g/m^2 Pflasterfläche).

Thymian-Arten für den Duftpfad

Deutscher Name *Botanischer Name*	**Wuchs und Duft**	**Blütenfarbe (Blühmonate)**
Kriechender Kümmel-Thymian *Thymus herba-barona*	etwa 5 cm hoch, mit dunkelgrünen, duftenden Blättern	violettrosa (7 – 8)
Zitronen-Kümmel-Thymian *Thymus herba-barona ssp. citriodora*	wie Kümmel-Thymian, aber Blätter zitronig duftend	rosa (6 – 8)
Lavendel-Thymian *Thymus thracicus*	bis 15 cm hoch, Blätter mit harzigem Aroma	purpurrosa (6 – 8)
Zitronen-Sand-Thymian *Thymus serpyllum var. citriodorus*	wie Sand-Thymian, aber Blätter mit Zitronenduft	rosa (6 – 9)
Niedriger Sand-Thymian *Thymus serpyllum 'Minus' oder 'Alba'*	2 – 5 cm hoch, in Sorten unterschiedlich duftend	weiß bis rosa (6 – 9)

Weichen Barfußpfad pflanzen

Auf einem duftenden Pfad mit weicher Bepflanzung kann man wunderbar barfuß laufen. Werden die passenden Pflanzen ausgewählt, schmeichelt der Weg selbst zarten Füßen.

Rasenkamille und die beiden Minzen, die in der Tabelle auf dieser Seite vorgestellt werden, brauchen, im Gegensatz zum Thymian, ausreichend Nährstoffe und Feuchtigkeit, um dichte Teppiche zu bilden. Sie werden nicht gesät, sondern ab Mai im Abstand von etwa 10 Zentimetern in unkrautfreie Beete oder Pfade gepflanzt. Für eine Bepflanzung zwischen Trittsteinen oder Natursteinplatten müssen die Fugen oder Lücken mindestens 3 Zentimeter breit sein. Freie Flächen sollte man mit etwas Kompost oder Sand bedecken. Dann wird regelmäßig gewässert, bis die Pflänzchen groß genug sind. Im Herbst oder nächsten Frühjahr düngt man die Fläche mit dünn aufgestreutem Kompost.

Polsterstauden für weiche, duftende Barfußpfade

Deutscher Name *Botanischer Name*	**Wuchs**	**Standort**
Römische Rasenkamille *Chamaemelum nobile 'Treneague'*	sommergrüne polsterbildende Staude, 5 – 15 cm (je nach Nährstoffangebot), weiße Blüten	sonnig bis halbschattig, eher feucht, magerer bis normaler Boden
Englische Rasenkamille *Chamaemelum nobile 'Treneague'*	sommergrüne polsterbildende Staude, 5 – 10 cm hoch und dicht, bildet keine Blüten	sonnig bis halbschattig, magerer bis normaler Boden, braucht nicht gemäht zu werden
Teppich-Polei-Minze *Mentha pulegium 'Nanum'*	sommergrüne Staude, bis 10 cm hoch, bildet Ausläufer, harziger Minzeduft, Blüten violett von Juli bis September	sonnig bis halbschattig, feuchter, lehmiger Boden, gut unter (Obst-)Gehölzen, vertreibt Insekten. Schwach giftig!
Korsische Minze *Mentha requienii*	sommergrüne Staude, Blätter duften nach Minze, nur 5 cm hoch, lila Blüten von Juli bis September	sonnig bis halbschattig, magerer, feuchter Boden, auch für Fugen geeignet, frostempfindlich, im Winter mit Vlies abdecken

Knirschenden Kiesweg anlegen

Weiche Mooswege, federnde Rindenmulchpfade und knirschende Kieswege kann man auch im Schatten anlegen. Sie werden durch zusätzliche Sinneseindrücke bereichert, wenn man sie mit Pflanzen säumt, die man gerne mit der Hand berührt oder die im Dunkeln schön aussehen. Wenn die Stauden und Gehölze auch noch duften oder geheimnisvoll rascheln, ist der Erlebnisweg für alle Sinne perfekt.

Für einen Kiesweg eignet sich oftmals der 3 Meter breite Streifen zwischen Haus und Grenze zum Nachbarn. An der Fassade des Hauses kann man Kletterpflanzen emporranken lassen oder hohe schlanke Stauden bzw. Gräser pflanzen. An der Grenze zum Nachbarn bieten sich Zaunbegrünung, eine Hecke oder hohe Stauden und Gräser an. Dazwischen bleibt genügend Platz für einen etwa 1 Meter breiten Kiesweg, den man im Sommer barfuß betreten kann.

Die flachen, abgerundeten Kiesel (z. B. hellgrauer Fallschutzkies der Korngröße 2 – 8 mm) fühlen sich angenehm an den Fußsohlen an und massieren sie. Die Durchblutung der Füße und Beine wird dadurch gefördert. Die kühlen Steine erfrischen aber auch an heißen Tagen, besonders wenn man sie mit dem Gartenschlauch vorher nass macht.

Damit der Kiesweg pflegeleicht ist, legt man ein stabiles Unkrautvlies auf den vorher mit einem Handstampfer verdichteten Boden. So wachsen keine Wurzelunkräuter hindurch. Ein Gefälle ist nicht nötig, da das Vlies alles Wasser hindurchlässt. Sollte es, meist erst nach vielen Jahren, zugesetzt sein, kann man es leicht austauschen. An den Seiten muss das Vlies entweder eingegraben oder mit großen, aufgelegten Steinen gesichert werden. Da sich mit der Zeit durch Falllaub und Moosbildung auch zwischen den Kieseln Pflanzen ansiedeln, kann man die Steinchen nach Bedarf vom Vlies abheben, säubern und neu aufschütten. Die Schichtdicke des Kieswegs sollte maximal 3 Zentimeter betragen, damit man beim Gehen nicht einsinkt.

Die Begleitpflanzen sollten zu den vorherrschenden Standortbedingungen passen. Neben dem Haus ist es oft schattig und der Boden an der Fassade bzw. unter einem Dachüberstand kann sehr trocken sein. In diesem Fall müssen die Kletterpflanzen mit Abstand zur Fas-

Mit Gräsern und Polsterstauden wirkt der geschwungene Kiesweg auch am Tag wie ein Bachlauf. Helle Halme, Blätter und Blüten weisen den Weg bei Nacht, weiches Blattwerk und Blütenstände verleiten zum Anfassen und schmeicheln den Händen.

sade gepflanzt werden, damit sie nicht im Regenschatten stehen. Damit der Laubfall im Herbst auf dem Kies wenig Probleme macht, sollten für die Hecke und die Fassadenbegrünung Pflanzen gewählt werden, deren Blätter spät und trocken abfallen (z. B. Rot-Buche, Hainbuche) oder sehr groß sind und sich leicht aufheben lassen (z. B. Wilder Wein). Ideal sind Stellen, an denen die Windverhältnisse so sind, dass das Laub in eine Ecke geblasen wird. Viele hohe Gräser und Stauden verlieren gar kein Laub, sondern werden erst im Frühjahr vor dem Neuaustrieb abgeschnitten.

Tipp *Helle Kiesel leuchten auch bei Mondlicht und schwacher Hintergrundbeleuchtung. Mit den passenden Gräsern und Stauden am Rand bekommt ein Kiesweg abends den Charakter eines glitzernden Bachlaufs. Ein kurviger Verlauf und große runde Steinsetzungen an den Wegbiegungen verstärken diesen Eindruck auch am Tage.*

Wer nicht nur an den Fußsohlen, sondern auch an den Handflächen »gestreichelt« werden möchte, sollte Tastpflanzen (siehe Tabelle auf dieser Seite) am Rand eines Pfades ausprobieren. Besonders bequem und ohne Bücken lassen sich die niedrigeren Arten streicheln, wenn sie etwas erhöht neben dem Weg, z. B. in einem Hochbeet oder an einem terrassierten Hang, stehen.

Ausdauernde weiche »Tastpflanzen«

Deutscher Name *Botanischer Name*	**Beschreibung**	**Wuchshöhe (in cm)**
Weicher Frauenmantel* *Alchemilla mollis*	weich behaarte Blätter	20 – 40
Schmalblättriges Wollgras* *Eriophorum angustifolium*	weiße wollige Samenstände	30 – 60
Rispen-Gipskraut, Schleierkraut * *Gypsophyla paniculata*	weiche wolkige Blütenstände	40 –100
Kleines Lampenputzergras *Pennisetum alopecuroides 'Hameln'*	Ähren wie weiche Bürstchen	50 – 80
Korsisches Heiligenkraut* *Santolina chamaecyparissus 'Nana'*	fein gefiederte, filzige Blätter (duften)	20 – 30
Woll-Ziest* *Stachys byzanthina*	weiche wollige Blätter	30 – 40
Reiher-Federgras* *Stipa barbata*	seidig behaarte Grannen	30 – 80
Woll-Königskerze *Verbascum alpinum*	wollig bis filzig behaarte Blätter	40 – 60
Österreichische Königskerze* *Verbascum austriacum*	filzig behaarte Blätter	30 – 60

*in Mittel- und Südeuropa heimische Art

Tipp *An schattigen Plätzen bietet sich Moos für einen weichen Barfußpfad an. Es wächst an geeigneten Stellen ganz von selbst und bedarf keiner Pflege. Im Herbst sollte man aber heruntergefallene Blätter von Bäumen und Sträuchern nicht zu lange darauf liegen lassen.*

Heimkommen im Winter

Im Winter ist der Garten bereits am Nachmittag dämmerig bzw. dunkel. Umso wichtiger ist es, dass er eine stimmungsvolle Winteratmosphäre ausstrahlt. Wege und Plätze können in dezentes Licht getaucht und auf diese Weise auch sicher begehbar gemacht werden. Ein kleiner Spaziergang durch den Garten am Abend hilft auch im Winter, sich auf den Feierabend einzustimmen. Interessante Begleitpflanzen zum Anleuchten, Winterblüher zum Schnuppern und raschelndes Laub zum Hören bieten auch jetzt noch schöne Gartenerlebnisse. Raureif auf vertrockneten Halmen und Blütenständen zaubert ein stimmungsvolles Winterbild. Das wirkt aufhellend fürs Gemüt, besonders wenn man die dunkle Jahreszeit nicht mag.

Eine dezent angeleuchtete helle Mauer, Skulptur oder Gartenbank, eine schöne Pflanze mit weißer Rinde, helle Stängel und Blätter vieler Gräser, silbriges Laub von mediterranen Zwerg- und Halbgehölzen bringen auch im Winter »Licht« in den Garten und machen ihn von drinnen erlebbar. Fällt dann auch noch Schnee, bekommt der Garten ein ganz besonderes Wintergesicht, das sich schön von drinnen genießen lässt.

Viele Gartenbesitzer nutzen ihren Garten den ganzen Winter über nicht, dabei kann er auch zur dunkelsten und kältesten Jahreszeit eine

Menge bieten. Man kann ihn jetzt auch dezent beleuchten, ohne dass Insekten angelockt und andere Tiere gestört werden. Doch auch im Winter ist dezentes warmweißes und farbiges langwelliges Licht schöner anzusehen als kaltes weißes. Besonders wenn Schnee liegt, strahlt gelbes Licht Wärme aus und blendet nicht.

Saunabesitzer nutzen den Garten zum Abkühlen, Kinder zum Schneemannbauen und so mancher Erwachsene baut vielleicht eine Schneebar aus dem zusammengeschobenen Schnee von Wegen und Plätzen.

Blüten für den Winter

Erstaunlicherweise gibt es eine genügend große Auswahl an Pflanzen, die im Winter ihre Blüten öffnen. Heimische Arten hoffen auf ihr »Alleinstellungsmerkmal«, um von den robusten Hummelköniginnen gefunden und bestäubt zu werden, die bereits bei den ersten Plusgraden und Sonnenstrahlen im Februar auf Futtersuche sind. Die in der Tabelle auf Seite 50 genannten fremdländischen Arten blühen in ihrer Heimat unter ähnlichen Bedingungen oder sind Hybriden, die aufgrund der Kreuzung zweier Arten ein Blühverhalten haben, das sich in der Natur nicht durchsetzen würde. Viele duften selbst bei niedrigen Temperaturen, wenn man die Nase ganz nah an die Blüten hält. Im Vorgarten beim Heimkommen oder an der Terrasse, die man zur Abendentspannung im Winter aufsucht, haben sie im Winter ihren konkurrenzlosen Auftritt.

Tipp *Achten Sie bei Winterbepflanzung, -schmuck und -beleuchtung immer auf einen schönen Anblick von drinnen. Nutzen Sie dazu das Fenster wie einen Bilderrahmen, der dem winterlichen Garten erst den richtigen »optischen Halt« gibt. Überlegen Sie dazu vorher, ob Sie im Stehen, Sitzen oder Liegen aus dem Fenster schauen.*

Christrosen

Die Gattung *Helleborus* ist ein botanisches Wunder, denn viele Christrosen blühen im Winter, nach dem ersten Frost und Schneefall. Aus der Winterstarre erwachte Hummelköniginnen bestäuben die Blüten mit ihren großen, zu weißen Schauapparaten umgewandelten Kelchblättern bereits ab etwa 3 °C. Die Blütenblätter sind zu stark duftenden, viel Nektar spendenden »Honigblättern« umgewandelt.

Die heimische Christrose oder Schwarze Nieswurz *(Helleborus niger)*, auch Schneerose und Weihnachtsrose genannt, liebt kalkhaltigen, humosen und leicht feuchten Boden. Die ausdauernden Stauden, deren Heimat höhere Lagen Süd- und Zentraleuropas sind, lieben halbschattige Standorte und mögen nicht umgepflanzt werden. Unter Gehölzen und vor Hecken, zwischen Steinsetzungen oder Holzstubben sehen die anmutigen Pflanzen besonders hübsch aus. Die zahlreichen Hybriden mit rosa, violetten, weißen, gelben und gepunkteten »Blütenblättern« sind Kreuzungen mit *Helleborus orientalis*. Sie blühen meist erst ab März.

Eine andere heimische Christrosen-Art *(Helleborus foetidus)*, besser unter dem Namen Stinkende Nieswurz bekannt, hat grüne Blüten und Schaublätter, die weder stinken noch unattraktiv sind. Im Gegenteil: Mit ihren eingeschnittenen, fingerförmigen, frisch grünen Blättern sind sie das ganze Jahr hübsch anzusehen. Sie samen sich selbst aus und sind damit unkomplizierte Begleitstauden für Halbschatten und Schatten, vor und unter Gehölzen.

Ausdauernde Pflanzen, die im Winter besonders attraktiv sind

Deutscher Name *Botanischer Name*	**Wuchsform (Wuchshöhe)**	**Wintereffekt**
Kornelkirsche* *Cornus mas*	breiter Strauch (bis 2,5 m)	kleine gelbe Blüten ab Februar, erste Bienenweide
Hybrid-Zaubernuss *Hamamelis × intermedia* in Sorten	sommergrünes, langsam wachsendes Kleingehölz (bis 1,5 m)	rote, orange oder gelbe Blüten von Dezember bis März
Christrose, Nieswurz *Helleborus* in Arten und Sorten	immergrüne Staude (bis 50 cm)	blüht weiß, rosa oder grünlich
Winter-Jasmin *Jasminum nudiflorum*	überhängendes oder kletterndes Zwerggehölz (bis 1,5 m)	immergrün, blüht gelb ab Januar
Duft-Heckenkirsche *Lonicera fragrantissima*	breiter überhängender Strauch (bis 2 m)	weiße Blüten von Dezember bis März
Winterduft-Heckenkirsche *Lonicera × purpursii 'Winter-Beauty'*	aufrechter, in milden Lagen wintergrüner Strauch (bis 2,5 m)	duftende Blüten von Dezember bis April
Beales Mahonie *Mahonia bealei*	immergrünes Zwerggehölz (bis 1,5 m)	hellgelbe aufrechte Blütenrispen mit süßem Duft ab Februar
Winter-Schneeball *Viburnum × bodnantense*	aufrechtes Zwerggehölz (bis 1,5 m)	blüht rosa und duftet von November bis März

* heimische Art

Attraktives Laub

Vertrocknete hohe Stauden, die Halme immergrüner Gräser und haftendes Laub an Gehölzen sehen auch im Winter attraktiv aus. Nach Frostnächten findet man es oft bereift vor, was besonders hübsch aussieht. Bei Schneefall haben abgestorbene, standfeste Stauden ein weißes Mützchen auf den Samenständen und geben dem Staudenbeet Struktur. Dazu darf man sie aber nicht im Herbst abschneiden, sondern erst ab März, wenn sie wieder neu austreiben. Mache Samen von Stauden und Beeren von Gehölzen dienen noch im Spätwinter Vögeln als Nahrung. Dabei sehen die rot leuchtenden, lange haftenden Hagebutten mancher Rosen, die Beeren des Schneeballs und anderer Gehölze besonders hübsch aus.

Besonders attraktiv sind auch viele immergrüne Halbgehölze mit graugrünem und silbrigem Laub im Winter (siehe Seite 63).

Blick in den dunklen Garten

Im Winter oder bei unangenehmer Witterung kann man den Garten auch von drinnen genießen. Mit einer dezenten Beleuchtung ist es möglich, tagsüber eher unscheinbare Details schön in Szene setzen. So kann man z. B. eine kleine Statue, eine Bank oder eine besondere Pflanze schwach anleuchten. Räumliche Effekte entstehen, wenn man in die Krone eines kleinen Gehölzes hinein leuchtet. Alle Leuchten sollten aber immer versteckt sein und indirektes Licht produzieren. Man kann sie hinter einem Baumstamm, einem Stein oder einer Mauer verstecken, denn sie sollen nicht blenden. Alles, was im Lichtkegel und vor der Leuchte ist, tritt so optisch hervor, während weniger attraktive Ecken im Dunkeln liegen. Von dezenten langwelligen Lichtquellen lassen sich die nachtaktiven Tiere des Gartens nicht stören (siehe Seite 186).

Besonders stimmungsvoll ist Licht am Wasser, doch gerade hier muss es mit viel Fingerspitzengefühl eingesetzt werden. Eine ruhige Wasserfläche reflektiert das Licht des Mondes, von Lampen im und am Haus und von umliegenden Gebäuden und Straßenlaternen, sodass meist keine weitere Lichtquelle nötig ist.

Strukturpflanzen für den Winter

Deutscher Name *Botanischer Name*	**Wuchsform**	**Winterbild**
Foersters Moor-Reitgras *Calamagrostis × acutiflora 'Karl Förster'*	aufrechtes attraktives Gras, immergrün	Blätter bis in den Winter grün
Wiesen-Flockenblume* *Centaurea jacea*	stabile Staude	graubraune Stängel und Samenstände
Diptam* *Dictamnus albus*	hohe Staude	hellbraune Stängel und attraktive Samenstände
Wilde Karde*, Behaarte Karde *Dipsacus fullonum, Dipsacus pilosa*	sehr hohe stabile Staude	große stachelige, attraktive Samenstände
Gelber Fingerhut* *Digitalis lutea*	aufrechte Staude	hellbraune Stängel und Samenstände
Rot-Buche* *Fagus sylvatica*	Baum, Strauch oder Schnitthecke	lange haftendes, rotbraunes Laub
Moschus-Malve* *Malva moschata*	stabile verzweigte Staude	graubraune Stängel und Samenstände
Ruten-Hirse *Panicum virgatum*	aufrechtes attraktives Gras	rote Herbstfärbung, im Winter gelblich
Bambus *Phyllostachys, Fargesia u. a. in Arten u. Sorten*	aufrechte, verholzende, immergrüne Gräser (bilden teilweise Wurzelausläufer)	Halme in Gelb, Grün, Schwarz, gebändert …
Wildrosen* (kleine Arten) *Rosa caesia, Rosa corymbifera, Rosa dumalis, Rosa pendulina*	Zwerggehölze (bis 150 cm) mit schönen Blüten	leuchtend orangefarbene bis rote Hagebutten
Purpur-Fetthenne* *Sedum telephium ssp. maximum*	hohe stabile Staude	doldenförmige, rötliche Samenstände
Silber-Ährengras, Alpen-Raugras* *Stipa calamagrostis*	aufrechtes Gras (bis 120 cm)	überhängende gelbliche Halme
Gewöhnlicher Schneeball* *Viburnum opulus*	aufrechter sommergrüner Strauch (bis 4 m)	leuchtend rote Beeren

* heimische Art

Im Winter fliegen keine Insekten, die man mit der Beleuchtung stören könnte. Dafür reflektieren Schnee und Eis die schwächsten Lichtstrahlen, sodass man nur wenige Watt benötigt, einen Gartenteil schön in Szene zu setzen. Bereifte Gräser und Stauden, Schneehauben auf Samenständen und Sträucher lassen einen naturnahen Garten zum »Skulpturengarten« werden.

Tipp *Verwenden Sie die schwächste Leuchte, die Sie bekommen können, oder probieren Sie den Effekt erst mit einer kleinen Taschenlampe aus. Farbeffekte kann man mit farbigem Transparentpapier vor der Lampe testen. Dazu sollte man sich mindestens 20 Minuten hinsetzen und den Lichteffekt prüfen, denn die Augen gewöhnen sich nur langsam an die Dunkelheit. Bedenken Sie auch immer, dass meist das Licht der Umgebung, z. B. von Straßenlaternen, völlig ausreicht, um den Garten dezent zu beleuchten.*

Besondere Gehölze mit attraktiver Borke oder Färbung

Deutscher Name *Botanischer Name*	**Wuchsform (Höhe)**	**Besonderheiten**
Zimt-Ahorn *Acer griseum*	Großstrauch oder Kleinbaum (5 – 8 m)	zimtfarbene Borke, orange-rote Herbstfärbung
Kupfer-Birke *Betula albosinensis*	Kleinbaum, oft malerisch schief (6 – 10 m)	weißrosa bis kupferorange Borke, orangegelbes Herbstlaub
Birken-Arten *Betula pendula*, B. papyrifera, B. pubescens, u. a.*	ein- oder mehrstämmige Bäume (3 – 8 m)	weiße, papierartige, quer abschälend Borke, malerisch überhängende Zweige
Weißer Hartriegel * *Cornus alba 'Spaethii' und 'Sibirica'*	aufrechter breiter Strauch (2 – 3 m)	junge Zweige tiefrot, orangerotes Herbstlaub (Rückschnitt bis zum Boden)
Blumen-Hartriegel *Cornus florida*	breiter Strauch mit fast waagerechten Trieben (2 – 4 m)	weiße Blüten, tolle Herbstfärbung, wächst langsam
Persischer Eisenholzbaum *Parrotia persica*	breiter Großstrauch oder Kleinbaum (5 – 7 m)	mehrfarbige schuppenartige Borke, lange haftendes kupferfarbenes Herbstlaub
Amur-Kirsche *Prunus maackii*	Kleinbaum (5 – 10 m)	zimtrote bis goldbraune, quer abschälende Borke, kupferfarbenes Herbstlaub
Mahagoni-Kirsche *Prunus serrula*	Großstrauch bzw. mehrstämmiger Kleinbaum (5 – 7 m)	quer gestreifte, abschälende, mahagonibraune bis kupferrote Borke, gelbes Herbstlaub
Schimmel-Weide* *Salix daphnoides 'Praecox'**	Kleinbaum mit runder Krone (5 – 8 m)	glänzende rote Jungtriebe, blau bereifte Zweige (Rückschnitt nötig)
Mandel-Weide* *Salix triandra semperflorens**	Großstrauch oder Kleinbaum mit malerischem Wuchs (2 – 8 m)	Borke grau-schuppig abblätternd, später zimtbraun und rotscheckig, goldgelb glänzendes Herbstlaub
Schmuck-Eberesche* *Sorbus decora*	Großstrauch oder Kleinbaum (6 – 10 m)	quer gestreifte, graue bis bronzefarbene Borke, schöne weiße Blüten, leuchtend orangerote Beeren

*heimische Art (bzw. Sorte heimischer Art)

Hinsetzen und Träumen

Lässt man den Blick durch den Garten schweifen und verweilt bei einem schönen Gartendetail, kann man wunderbar Ruhe und Entspannung finden. Dazu schirmt man die arbeitsintensiven Gartenteile aber besser optisch ab, denn sie erinnern nur an liegen gebliebene Arbeit und verhindern das Entspannen.

Beete können so angelegt werden, dass sie am Abend und bei Dunkelheit Ruhe und Harmonie ausstrahlen. Sanfte Formen und harmonische Farbkombinationen sind am besten geeignet, innere Ruhe zu finden. Das Beet sollte vom Ruheplatz weit genug entfernt sein, dass es als harmonische Gesamtkomposition wirkt. Eine ruhige Fläche zwischen Betrachter und Beet sowie ein ruhiger Hintergrund geben dem »Bild« den richtigen Rahmen.

Gepflanzter Sonnenuntergang

Das Genießen eines Sonnenuntergangs gehört wohl zu den schönsten Momenten am Abend. Gleichzeitig macht es auch etwas melancholisch, denn der Tag ist damit zu Ende. Wer einen attraktiven Abend- und Nachtgarten hat, wird das nicht so empfinden, denn die ruhigste und gleichzeitig spannendste Zeit beginnt ja erst nach Sonnenuntergang.

Für alle, die keinen freien Blick nach Westen haben und den Sonnenuntergang im eigenen Garten nicht erleben können, gibt es Trost: Mit Blüten in Orange- und Rottönen lassen sich Beete gestalten, die einem echten Sonnenuntergang optisch in nichts nachstehen. Sie machen sogar zeitlich unabhängig und leuchten auch bei bedecktem Himmel und Regen, im Osten, Süden oder Norden. Doch einen sonnigen bis halbschattigen Standort brauchen sie alle.

Besonders hübsch und dem Sonnenuntergang nachempfunden sind hohe gelbe Blüten im Hintergrund, davor die mittelhohen orangefarbenen und im Vordergrund niedrige kupferrot blühende Stauden. Lücken im Staudenbeet kann man mit der Vielzahl Einjähriger in passenden Farben (z. B. Sonnenblumen, Ringelblumen und Studentenblumen) schließen.

Stauden für ein Sonnenuntergang-Beet

Ein abgestuftes Staudenbeet in den Farben des Sonnenuntergangs, das auch vor einer Hauswand, Mauer oder Hecke hübsch aussieht, können Sie so bepflanzen:

- **Hintergrund (gelbe Stauden, Höhe 80 – 120 cm)**
  Goldrute *(Solidago*-Hybriden)
  Schafgarbe *(Achillea filipendulina* 'Parker')
  Gold-Felberich *(Lysimachia punctata)*
  Sonnenbraut (*Helenium*-Hybride 'Rauchtopas')

- **In der Mitte (orangene Stauden, Höhe 50 – 80 cm)**
  Taglilie *(Hemerocallis*-Hybride 'Louise Manelis')
  Taglilie *(Hemerocallis fulva)*
  Sonnenbraut *(Helenium-Hybride* 'Waltraud')
  Schafgarbe *(Achillea filipendulina*-Hybride 'Feuerland')

- **Vordergrund (rote Stauden, Höhe bis 60 cm)**
  Purpur-Fetthenne *(Sedum telephium* 'Herbstfreude')
  Rote Schafgarbe *(Achillea millefolium* 'Kirschkönigin')
  Garten-Herbst-Anemone
  (Anemone japonica-Hybride
  'Rotkäppchen' oder 'Pamina')
  Sonnenbraut
  (Helenium-Hybride
  'Ruby Tuesday')

Blaue Stunde

Wem die gelben und roten Farbtöne zu intensiv sind, sollte über ein blaues Beet nachdenken. Blau ist die Farbe des Himmels und des Wassers. Blau steht für Ferne und Sehnsucht, für Ruhe und Harmonie. Unsere Augen können viele unterschiedliche Blauvarianten wahrnehmen. Zusammen mit dem Grün der Blätter hat die Farbe eine ungeheuer entspannende Wirkung und eignet sich daher bestens für ein Beet am Abendsitzplatz.

Alle blau blühenden Pflanzen lassen sich gut mit anderen Farben kombinieren, jedoch sollte das jeweils nur ein Farbton sein. Weiße und cremefarbene Blüten sowie weißbunte Gräser und silbriges oder graues Laub lassen blau Blühende besonders schön zur Geltung kommen und geben dem Beet eine gewisse Leichtigkeit und Eleganz. Von vielen blau blühenden Stauden gibt es zudem weiß blühende Sorten, sodass man mit wenigen Arten hübsche Staudenkombinationen erzielen kann. Wintergrüne Gräser und Halbgehölze geben dem Beet auch dann Struktur, wenn die meisten Stauden eingezogen sind. Mit blauen und/oder weißen Einjährigen lassen sich jahreszeitliche Lücken im Beet sehr gut füllen.

Tipp *Viele blau blühende Gehölze und Stauden für halbschattige bis schattige Beete behalten ihre Farbe nur, wenn der Boden humos und leicht sauer ist (pH-Wert 4 bis 5,5). Hortensien benötigen darüber hinaus genügend Aluminium, das in speziellem Hortensiendünger enthalten ist. Wer blau liebt, sollte also den Boden rund um die Hortensien mit etwas Alaun oder Spezialdünger anreichern. Eine Mulchdecke aus Nadelstreu oder Nadelholzrinde über einer dünnen Schicht Hornspäne ist eine preiswerte Langzeitdüngung und pH-Wert-Absenker zugleich. Wer keine Hornspäne mag, kann jährlich mit etwas Kompost düngen. Kaffeesatz macht den Boden ebenfalls sauer und vertreibt bzw. vergiftet Schnecken.*

Blaue Blüten für ein sonniges Beet (ausdauernde Stauden und Zwiebelblumen für normalen bis kalkhaltigen Gartenboden)

Deutscher Name *Botanischer Name*	**Wuchshöhe**	**Blühzeit (Monate)**
Zwerg-Iris* *Iris reticulata*	10 – 20 cm	2 – 3
Zweiblättriger Blaustern* *Scilla bifolia*	10 – 20 cm	3 – 5
Traubenhyazinthe* *Muscari latifolium*	10 – 20 cm	4 – 5
Blaue Akelei *Aquilegia caerulea Hybride 'Blue Star'*	40 – 60 cm	5 – 6
Wiesen-Iris* *Iris sibirica 'Taubenblau'*	60 – 80 cm	5 – 6
Stängelloser Silikat-Enzian* *Gentiana acaulis*	5 – 10 cm	5 – 7
Katzenminze *Nepeta × faassenii 'Walkers Low'*	20 – 40 cm	5 – 9
Rittersporn *Delphinium-Hybriden*	70 – 100 cm	6 – 7 und 8 (nach Rückschnitt)
Ausdauernder Lein* *Linum perenne*	20 – 60 cm	6 – 8
Steppen-Salbei* *Salvia nemorosa 'Blauhügel' oder 'Mainacht'*	30 – 40 cm	6 – 9
Rundblättrige Glockenblume* *Campanula rotundifolia*	10 – 40 cm	6 – 9
Kissen-Glockenblume *Campanula portenschlagiana*	10 – 20 cm	7 – 9
Kalk-Aster* *Aster amellus*	20 – 50 cm	8 –10

*heimische Art (bzw. Sorte heimischer Art)

Tipp *Sie können die Blaue Stunde bis in den Winter hinein verlängern, wenn Sie die Stauden über Winter stehen lassen und das Beet ganz dezent mit einem dunkelblauen Licht anstrahlen. Da jetzt keine Insekten fliegen, können die Blauanteile auch nicht schaden.*

Blaue Blüten für ein halbschattiges Beet (Gehölze, ausdauernde Stauden und Zwiebelblumen für humosen, leicht sauren Boden)

Deutscher Name *Botanischer Name*	**Wuchsform (Höhe)**	**Blühzeit (Monate)**
Langblättriges Lungenkraut* *Pulmonaria longifolia*	Staude (10 – 20 cm)	3 – 5
Zweiblättriger Blaustern* *Scilla bifolia*	Zwiebelblume (10 – 20 cm)	3 – 5
Traubenhyazinthe* *Muscari latifolium*	Zwiebelblume (10 – 20 cm)	4 – 5
Frühlings-Gedenkemein *Omphalodes verna*	polsterbildende Staude (10 – 20 cm)	4 – 5
März-Veilchen* *Viola odorata 'Königin Charlotte'*	Frühlingsstaude (5 – 10 cm)	4 – 5
Kleines Immergrün* *Vinca minor*	bodendeckende Staude (10 – 20 cm)	4 – 5
Wald-Ehrenpreis* *Veronica officinalis*	Staude (10 – 20 cm)	6 – 8
Nesselblättrige Glockenblume* *Campanula trachelium*	Staude (40 – 100 cm)	7 – 8
Bauern-Hortensie *Hydrangea macrophylla*	breiter Strauch (bis 2 m)	8
Blaue Wald-Aster* *Aster cordifolius*	teppichbildende Staude (10 – 25 cm)	9 – 10

*heimische Art

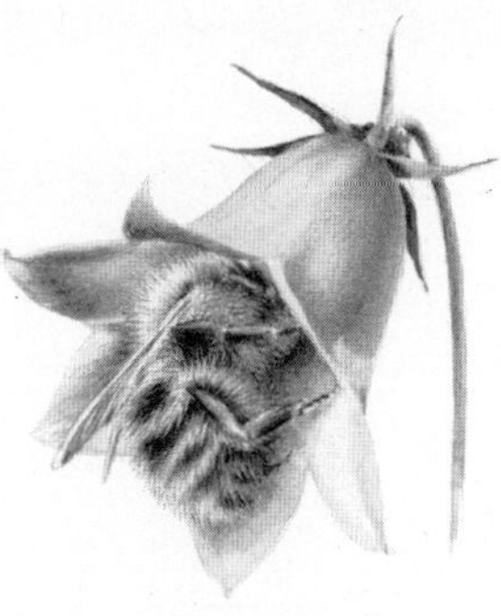

Heimische Glockenblumen sind besonders beliebt bei Hummeln, die auch die polsterförmig wachsenden Arten aus dem Mittelmeerraum nicht verschmähen. Es gibt etwa zehn attraktive Arten von violett- bis himmelblau sowie deren weiße Sorten, die Insekten Nahrung bieten.

Helligkeit am Abend und in der Nacht

Weiße Blüten kommen auch im Dunkeln noch zur Geltung, denn sie reflektieren auch geringste Mengen an Licht. Bei Mondschein oder dezenter Beleuchtung sieht das bei Nacht besonders schön aus. Doch auch am Tag muss ein weißes Beet nicht langweilig sein. Eine abwechslungsreiche Mischung aus unterschiedlichen Staudenhöhen, Laubstrukturen und Blütenformen sorgt ebenso für Abwechslung wie das unterschiedliche Grün der Blätter.

Heimische Stauden mit weißen Blüten

Wer es gerne etwas dezenter mag, pflanzt silbergraues Laub (siehe Tabelle auf Seite 63) und weiße Blüten, die abends noch lange leuchten, selbst wenn sie schon geschlossen sind. Manche öffnen sich sogar erst am Abend und bleiben nachts lange offen, um Nachtfalter anzulocken. Andere duften betörend am Abend, sodass man seinen Sitzplatz in der Nähe wählen sollte. Viele weiß blühende Stauden sind Sorten von blau blühenden, die sich auch in der Natur spontan bilden können (Auslese). Sie haben den gleichen ökologischen Wert für Insekten wie ihre blau blühenden Verwandten.

Tipp *Schneiden Sie Ihre Stauden nicht im Herbst ab, denn bereift oder mit Schnee bedeckt, sehen trockene Blätter, Halme und Samenstände im Winter sehr hübsch aus. Die letzten Samen bieten zudem Vögeln eine willkommene Nahrung. In hohlen Halmen und unter den trockenen Blättern überwintern zahlreiche Nutzinsekten. Bei Schnee schützt die trockene Blattrosette die Überwinterungsknospen im Boden, da sich hier ein wärmendes Luftpolster bildet. Erst im Frühjahr, wenn sich der Neuaustrieb zeigt, kann man die trockenen Pflanzenteile des Vorjahres, meist ganz einfach und ohne Werkzeug, lösen und an einem sonnigen Platz deponieren. So haben auch die letzten Wintergäste in den Halmen eine Chance, ihr Quartier zu verlassen.*

Heimische Stauden (bzw. weiße Sorten) für ein weißes Abendbeet an der sonnigen Terrasse

Deutscher Name *Botanischer Name*	**Wuchsform (Höhe)**	**Blühmonate**
Florentinische Schwertiris *Iris germanica 'Florentina'*	grasähnliches, bogig überhängendes Blatt (40 – 70 cm)	4 – 5 bietet Nektar
Kleines Immergrün *Vinca minor 'Gertrude Jekyll'*	bodendeckend (10 – 20 cm)	4 – 5
Weiße Taubnessel *Lamium album*	aufrecht (20 – 50 cm)	4 – 10 bietet viel Nektar
Weißer Diptam *Dictamnus albus 'Albiflorus'*	aufrecht (60 – 120 cm)	5 – 6 duftet
Liegender Ehrenpreis *Veronica prostrata 'Pallida'*	schwach bodendeckend (5 – 30 cm)	5 – 6
Pfirsichblättrige Glockenblume *Campanula persicifolia 'Alba'*	polsterbildend (30 – 50 cm)	6 – 8
Knäuel-Glockenblume *Campanula glomerata 'Alba'*	polsterbildend (20 – 60 cm)	6 – 9
Rundblättrige Glockenblume *Campanula rotundifolia 'White Gem'*	zierliche Staude (10 – 40 cm)	6 – 9
Heide-Nelke *Dianthus deltoides 'Alba'*	polsterbildend (15 – 30 cm)	6 – 9
Nickendes Leimkraut *Silene nutans*	niedrige Staude mit hohem Blütenstängel (30 – 60 cm)	6 – 9 lockt Nachtfalter
Moschus-Malve *Malva moschata 'Alba'*	aufrecht, großes Blatt (40 – 80 cm)	6 – 10 duftet
Raublatt-Aster *Aster novae-angliae 'Herbstschnee'*	breitbuschig (80 – 100 cm)	9 – 10

Tipp *Wer sein weißes Beet dezent beleuchten möchte, legt warmweiße, insektenfreundliche LED-Leuchten, z. B. in Kugel- oder Halbkugelform, zwischen die Stauden. Weiße Blüten leuchten aber auch ohne künstliche Beleuchtung, da der Abendhimmel und das Mondlicht ausreichen.*

Silberstreif am Horizont

Graues und silbriges Laub kommen in der Dämmerung besonders schön zur Geltung. Der Wachsüberzug und/oder die feine Behaarung auf den Blättern reflektieren das abendliche Restlicht und lassen die Pflanzen silbrig schimmern. Mit einer dezenten bodennahen (und insektenfreundlichen) Beleuchtung im Hintergrund kann man den Effekt eventuell auch nach Einbruch der Dunkelheit genießen.

Die graue Behaarung bzw. der weißliche Wachsüberzug der Blätter sind Anpassungen an Hitze. Beide mindern die Verdunstung und reflektieren das Sonnenlicht. Deshalb kommen die auf der nächsten Seite vorgestellten Pflanzen aus Südeuropa und wachsen dort in kargen, wasserdurchlässigen und kalkhaltigen Böden in voller Sonne.

Das geheimnisvolle, fast mystische Erscheinungsbild kommt besonders schön zur Geltung, wenn das Beet in einiger Entfernung zum Sitzplatz angelegt wird. Je nach Form wirkt es dann wie eine silbrige Wolke oder ein Nebelstreifen am Horizont. So kann man die genannten Pflanzen als schmalen Streifen vor eine immergrüne Schnitthecke pflanzen, wo sie auch am Tag eine schöne Wirkung haben. Oder man pflanzt sie halbkreisförmig um einen sonnigen Sitzplatz, wo sie abends wie eine Mondsichel wirken.

Falls der Boden zu feucht, lehmig oder verdichtet ist, kann man ein niedriges geschwungenes Hochbeet aus Natursteinen bauen und mit Dränagematerial (Schotter, Dachsubstrat) und magerem Substrat auffüllen. Als Mulchmaterial bietet sich hier Kalksplitt an, der den pH-Wert hebt und ebenfalls von hellgrauer Farbe ist. So wirken Beet und Bepflanzung bei Tag und bei Nacht wie ein glitzernder Bachlauf.

Tipp *Haben Sie eine dunkel gestrichene, z. B. rote oder graue Südfassade oder einen dunklen Haussockel und davor einen Sauberkeitsstreifen mit Kieseln? Pflanzen Sie doch hier einige der auf Seite 63 genannten Stauden. Dieser trockene heiße Standort sagt silberlaubigen, mediterranen Pflanzen zu. Vor einem dunklen Hintergrund wirken sie besonders schön.*

Winterharte Strukturpflanzen mit silbrig grauem Laub (für vollsonnige Lagen mit wasserdurchlässigem, kalkhaltigem, magerem Boden)

Deutscher Name *Botanischer Name*	**Wuchsform** **(Höhe)**	**Blütenfarbe** **(Blühmonate)**
Wermut* *Artemisia absinthium* *'Lambrook Silver'* *u. a. Sorten*	kompakt, aufrecht (60 – 80 cm)	silbrig gelb (7 – 9)
Filziges Hornkraut* *Cerastium tomentosum*	wintergrün, polsterbildend, sehr ausbreitungsstark (10 – 15 cm)	weiße Blüten auf hohen Stängeln (5 – 6)
Alpen-Mannstreu* *Eryngium alpinum* *'Blue Star'*	auffälliger, distelähnlicher Wuchs (70 – 80 cm)	große stahlblaue Blütenstände (7 – 9)
Blau-Schwingel* *Festuca cinerea* *'Eliah Blue'*	silbrig blaues Horstgras (15 – 25 cm)	silbrig (6 – 7)
Steppen-Schleierkraut *Gypsophila paniculata*	reich verzweigte Staude (80 – 100 cm)	viele kleine weiße Blüten (7 – 9)
Currykraut* *Helichrysum italicum 'Silbernadel'*	duftender Halbstrauch (40 – 50 cm)	gelb (7 – 9)
Garten-Lavendel* *Lavandula angustifolia in Sorten*	kompakter Halbstrauch (25 – 40 cm)	violett, blau, rosa, weiß (6 – 7)
Katzenminze *Nepeta × faassenii 'Gletschereis'*	breiter Halbstrauch (50 – 60 cm)	steril, silbrig blau (5 – 7)
Blauraute, Silberbusch *Perovskia atriplicifolia in Sorten*	aufrechter Halbstrauch (80 – 120 cm)	kleine lavendelblaue Blüten an Ähren (8 – 9)
Weinraute* *Ruta graveolens 'Jackmans Blue'*	aromatischer Halbstrauch (40 – 60 cm)	gelb (6 – 7)
Gewürz-Salbei* *Salvia officinalis in Sorten*	aromatischer Halbstrauch (40 – 60 cm)	weiß, rosa, violett, blau (6 – 7)
Graues Heiligenkraut* *Santolina chamaecyparissus*	aromatisch duftender Halbstrauch (30 – 50 cm)	gelb (7 – 8)

*Pflanze aus dem Mittelmeerraum kommend und in Mitteleuropa eingebürgert

Weiße Blüten vor dunkler Hecke

Eine immergrüne Sichtschutzhecke allein kann auch am Tag sehr düster wirken. Als Hintergrund für ein Staudenbeet ist die »grüne Wand« dagegen ideal, denn sie lässt weiße Blüten und helles Laub besonders schön zur Geltung kommen.

Immergrüne Hecken brauchen ein- bis zweimal jährlich einen Schnitt, damit sie schön dicht bleiben und nicht zu breit werden. Damit die Staudenpflanzung dabei nicht zertreten wird, plant man vor der Hecke einen 60 bis 80 Zentimeter breiten Weg ein. Wird zum Heckenschneiden eine Leiter benötigt, sollte dieser Weg befestigt sein. Andernfalls ist ein Mulchweg aus Holzhäcksel völlig ausreichend. Daran schließt sich das Staudenbeet an, dessen Breite variabel sein kann.

Ein geschwungenes, schmales Beet sieht sehr schön aus und lässt sich gut pflegen. Pflanzt man die Stauden auch in der Höhe abgestuft, entsteht ein natürliches Bild, das die akkurat geschnittene Hecke geschickt als ruhigen Hintergrund nutzt.

Tipp *Als heimische immergrüne Heckenpflanzen eignen sich Eibe* (Taxus baccata) *und Liguster* (Ligustrum vulgare 'Atrovirens'). *Letzterer kann allerdings nach strengen Wintern die Blätter abwerfen (deshalb wintergrün), belaubt aber schnell wieder. Der aus Nordostamerika und Ostkanada stammende Lebensbaum* (Thuja occidentalis *in Sorten) eignet sich nicht, denn diese feuchtigkeitsliebende Konifere verhindert mit ihren flachen Wurzeln jegliche Vorpflanzung (auch Rasen!) in einer Breite, die mindestens der Heckenhöhe entspricht!*

Weiße Blüten vor der Sichtschutzhecke (für normalen, gleichmäßig feuchten, humosen Boden, im Halbschatten)

Deutscher Name *Botanischer Name*	**Wuchsform (Höhe)**	**Blüte (Blühmonate)**
Christrose, Schwarze Nieswurz* *Helleborus niger*	buschig (10 – 30 cm)	duftend (1 – 4)
Busch-Windröschen* *Anemone nemorosa*	Frühlingsstaude (10 – 20 cm)	strahlenförmig (3 – 4)
Weißes Märzveilchen* *Viola odorata 'Albiflora'*	Frühlingsstaude (5 – 10 cm)	wohlriechend (3 – 4)
Weißes Frühlings-Gedenkemein *Omphalodes verna 'Alba'*	Frühlingsstaude (10 – 20 cm)	viele kleine Blüten (4 – 5)
Kleines Immergrün* *Vinca minor 'Gertrude Jekyll'*	bodendeckend (10 – 20 cm)	flache Blüten (4 – 5)
Weiße Taubnessel* *Lamium album*	aufrecht (20 – 50 cm)	duftend (4 – 10)
Liegender Ehrenpreis* *Veronica prostrata 'Pallida'*	kriechend (5 – 30 cm)	in liegenden Trauben (5 – 6)
Echtes Salomonssiegel* *Polygonatum odoratum*	attraktive Wuchsform (15 – 40 cm)	glockenförmig, duftend (5 – 6)
Weißer Kriechender Günsel* *Ajuga reptans 'Alba'*	bodendeckend (15 – 30 cm)	kerzenförmig (5 – 8)
Sternmoos* *Sagina subulata*	bodendeckend (1 – 3 cm)	winzige Blüten (6 – 8)
Gestreiftes Moor-Pfeifengras* *Molinia caerulea 'Variegata'*	Horst-Gras (30 – 60 cm)	aufrechte braune Ähren (6 – 9)
Weiße Lichtnelke* *Silene latifolia ssp. alba*	zierlich (30 – 60 cm)	zweihäusig (6 – 9)

*heimische Art (bzw. Sorte heimischer Art)

Weißbuntes Laub für Halbschatten bis Schatten (feuchter humoser Boden)

Deutscher Name *Botanischer Name*	**Wuchsform (Höhe)**	**Bemerkungen**
Aronstab* *Arum italicum 'Pictum'*	sommergrüne Staude mit panaschierten Blättern (25 cm)	orangerote Beeren giftig
Steife Segge* *Carex elata 'Aurea'*	immergrünes Gras mit goldgelben schmalen Blättern (40 cm)	auch im Winter hübsch
Efeu* *Hedera helix* in weißbunten Sorten	kletterndes oder bodendeckendes immergrünes Gehölz	weißbunte Sorten sind etwas frostempfindlicher
Funkie *Hosta* in Sorten	sommergrüne Staude mit goldgelbem oder weißem Blattrand (30 – 50 cm)	weiße oder violette Blüten, Staude fällt beim ersten Frost in sich zusammen
Wald-Hainsimse* *Luzula sylvatica 'Marginata'*	immergrünes Gras mit weißem Blattrand (50 cm)	wuchert nicht so stark wie die Art
Nickendes Perlgras* *Melica nutans 'Variegata'*	immergrünes Gras mit weißem Blattrand (40 cm)	auch im Winter hübsch
Wald-Salomonssiegel* *Polygonatum multiflorum 'Variegatum'*	sommergrüne Staude mit weißpanaschierten Blättern (40 cm)	weiße Blüten in Reihen
Geflecktes Lungenkraut* *Pulmonaria officinalis 'Sissinghurst White'*	sommergrüne Staude mit weißgefleckten Blättern (15 – 30 cm)	violette, blaue oder weiße Blüten (Sorte), wichtige Hummelpflanze
Schwarzer Holunder* *Sambucus nigra 'Albovariegata'*	Gehölz (bis 6 m)	schnittverträglich
Gewöhnlicher Schneeball* *Viburnus opulus*	Gehölz (3,5 m)	leuchtend rote Beeren im Winter
Kleines Immergrün* *Vinca minor* panaschierte Sorten	immergrüne Bodendeckerstaude (10 cm)	weiße oder blaue Blüten

*weißbunte Sorte einer heimischen Art

Entspannen und Genießen

Tagsüber ist unser Sehsinn stark gefordert und die anderen Sinne treten in den Hintergrund. Schließt man die Augen, nimmt man nicht nur Geräusche deutlicher wahr, auch der Geruchssinn wird stärker aktiviert. Das Gleiche passiert mit dem Geschmackssinn, wenn man beim Probieren von Speisen die Augen schließt. Abends, wenn das Licht allmählich nachlässt, können sich die Augen erholen und wir können unsere anderen Sinne bewusster gebrauchen. So erschließen sich nicht nur neue Erfahrungen und Genüsse, auch verborgene Erinnerungen, z. B. an die Kindheit oder einen Urlaub, werden so geweckt.

In den meisten Gärten sind natürliche Pflanzendüfte durch die Verwendung steriler Sorten rar geworden. Dabei gibt es eine Vielzahl heimischer und fremdländischer Arten und Sorten, die von Januar bis November duften. Und selbst im Winter muss man nicht auf Pflanzenduft verzichten, wenn man Kräuter ins Haus holt oder ihre Blätter trocknet.

In einem gut dränierten Hochbeet aus Naturstein an einem sonnigen Standort und in magerem, leicht kalkhaltigem Substrat, wachsen und überwintern mediterrane Kräuter besonders gut.

Da Gerüche sehr unterschiedlich wahrgenommen und mit Worten nur unzureichend beschrieben werden können, sollte man vor dem Anpflanzen einer neuen Pflanze den Duft selbst prüfen. Einige Gärtnereien, die sich auf Duftpflanzen spezialisiert haben, sind oft auf Wochenmärkten präsent oder organisieren »Tage der offenen Tür«.

Da der Pflanzenduft mit den Standortbedingungen variieren kann, sollte man alle Hinweise zum Boden und zur Besonnung beherzigen. Auch die Kombination verschiedener Duftpflanzen ist nicht einfach. Statt zu viele Düfte im Sommer zu kombinieren, ist es besser, die Blühzeiten so aufeinander abzustimmen, dass immer nur eine bzw. wenige Pflanzen gleichzeitig duften.

Abendduft auf der Terrasse

Mit ein- und zweijährigen Pflanzen, die am Abend ihre Blüten öffnen und ihre Düfte verströmen, kann man ein schon vorhandenes Beet ohne viel Aufwand zum Abendduftbeet umgestalten. Oder man sät sie zur empfohlenen Zeit (siehe Aufdruck auf der Samentüte) in Kästen und Kübel. Erstaunlicherweise haben Menschen und Falter die gleichen Duftvorlieben. Was Schmetterlinge anlockt, steigt auch uns angenehm süßlich in die Nase. Der Duft entfaltet sich, sobald sich die Blüten öffnen. Je wärmer der Abend und die Nacht, desto intensiver ist der Duft. Manche Blüten öffnen sich bereits am Nachmittag, andere erst mitten in der Nacht. Das wird wahrscheinlich von einer inneren Uhr und/oder der Helligkeit der Umgebung gesteuert. So genau ist das noch nicht erforscht.

Tipp *Duftende Abendblüher, die von Nachtfaltern umschwärmt werden, locken bald Fledermäuse an, die hier erfolgreich auf die Jagd gehen. Aus diesem Grund werden die Pflanzen- bzw. Samenmischungen manchmal auch für »Fledermausbeete« angeboten.*

Ein- und zweijährige bzw. nicht winterharte, duftende Abend- und Nachtblüher für Terrassenbeet und Kübel

Deutscher Name *Botanischer Name*	**Wuchsform (Höhe)**	**Blüte (Blühmonate)**	**Duft Bemerkungen**
Gemeine Nachtviole* *Hesperis matronalis*	einjährig, zweijährig, sät sich selbst aus (40 – 100 cm)	weiß, rosa (5 – 7)	intensiver Veilchenduft, Aussaat April bis September, halbschattig, feuchter Boden
Gemshorn *Matthiola longipetala ssp. bicornis*	einjährig (bis 20 cm)	klein, zartlila (6 – 9)	intensiver Duft nach Vanille, Zimt und Nelken, auch für Kübel
Garten-Levkoje *Matthiola incana* in Sorten	ein- bis zweijährig (30 – 80 cm)	weiß, gelb, rosa, rot, violett, blau (7 – 9)	Vanilleduft, Aussaat April bis Mai, sonnig, auch als Schnittblume und für Kübel
Garten-Resede *Reseda odorata*	einjährig (25 – 40 cm)	klein, rötlich (7 – 9)	zarter Veilchenduft, Aussaat April, sonnig
Sternbalsam *Zaluzianskya capensis*	einjährig (bis 30 cm)	weiß (7 – 9)	duftet nach Marzipan, sonnig
Einjähriges Silberblatt *Lunaria annua*	zweijährig (30 – 80 cm)	rosa, selten weiß (6 – 7)	duftet nach Marzipan, sonnig bis halbschattig
Abendstern, Zehnblättrige Mentzelie *Mentzelia decapetala*	zweijährig (bis 100 cm)	groß, cremeweiß bis gelblich (7 – 9)	zarter süßlicher Duft, sonnig, in Kakteenbeet oder gut dränierten Kübeln
Duft-Nachtkerze *Oenothera odorata*	zweijährig, sät sich selbst aus (bis 60 cm)	gelb, schiebt täglich neue Blüten bis zum Herbst	zitronenähnlicher Duft, sonnig bis halbschattig, auch für Kübel
Wunderblume *Mirabilis jalapa*	nicht frostharte Staude (bis 120 cm)	klein, rosa, gelb oder weiß	Orangenduft, nur für Kübel, Knolle im Keller überwintern
Nachtduft-Pelargonie *Pelargonium gibbosum*	nicht frostharte Staude (40 – 60 cm)	grüngelb (6 – 8)	duftet nach Marzipan, Blätter graugrün

*heimische Art

Nachts blühende Pflanzen sind an die Lebensweise ihrer Bestäuber angepasst. Die »Nasen« der Nachtfalter sind viele Tausend Male empfindlicher als unsere. Nachtfalter können einzelne Duftmoleküle wahrnehmen und werden über große Entfernungen von den Blüten angelockt. Auch nichtheimische Nachtblüher werden gerne von heimischen Nachtfaltern als Nektarquelle aufgesucht und in vielen Fällen erfolgreich bestäubt, deshalb sind sie auch im naturnahen Garten erwünscht. Weitere Bepflanzungsvorschläge für Nachtfalterbeete finden Sie auf Seite 88.

Tipp *Einige ein- und zweijährige Duftpflanzen kann man auch in Kübel und Balkonkästen säen. Zweijährige blühen erst im zweiten Jahr nach der Aussaat. Je nach Frosthärte und Witterung überstehen sie den Winter im Kübel an einem geschützten Platz, z. B. nahe der Hauswand. Probieren Sie einfach aus, welcher Duft Ihnen zusagt und welche Pflanzen bei Ihnen an welchem Standort überwintern.*

Duftende Stauden

Ein Staudenbeet an der Terrasse oder einem Abendsitzplatz in einer ruhigen Ecke des Gartens sieht besonders schön aus, wenn man es farblich strukturiert (siehe Seite 55). Wer größeren Wert auf den Duft legt, sollte Duftstauden mit anderen farblich und in der Größe passenden Stauden und Gräsern kombinieren. Aber auch Zwerggehölze, besonders der immergrüne Buchs, geben dem Beet Struktur, wenn die Stauden längst verblüht sind. Am besten experimentiert man erst einmal ein bisschen mit einigen Lieblingsduftern, bevor man sich an ein reines Duftbeet heranwagt. Hohe Stauden kann man im Stehen oder Sitzen erschnuppern, niedrige eignen sich gut für Hochbeete und Hänge. In windgeschützten Gartenecken entstehen an warmen Abenden regelrechte »Duftwolken«, die man schon aus der Entfernung wahrnimmt. Alle Pflanzen der Tabelle locken mit ihrem Duft auch Nachtfalter an.

Abends und nachts duftende (ausdauernde) Stauden für Terrasse und Garten

Deutscher Name *Botanischer Name*	**Wuchsform** **(Höhe)**	**Blüte und Duft** **(Bemerkungen)**
Silberling, **Ausdauerndes Silberblatt** *Lunaria rediviva*	ausdauernde Strukturstaude (bis 120 cm)	lila, zarter süßlicher Duft
Goldlack *Erysimum (Cheiranthus) cheiri*	buschig wachsende Staude (20 – 60 cm)	orange bis rotbraun, Duft nach Veilchen (sehr giftig!)
Blauer Phlox, **Wald-Phlox** *Phlox divaricata* in Sorten	polsterbildende, wintergrüne Staude (bis 20 cm)	weiß, hellblau, hellviolett, intensiver süßer Duft (halbschattig bis schattig)
Stauden-Phlox *Phlox paniculata* in vielen alten und neuen, duftenden Sorten	aufrechte Staude (bis 100 cm)	weiß, rosa, pink, rot, süßlich intensiv nach Honig, Vanille …, je nach Sorte
Abendduft-Leimkraut *Silene italica*	ausdauernde Staude (50 – 60 cm)	weiß; süßlich nach Mandeln (zweite Blüte nach Rückschnitt)

Duftende Zwerggehölze

Wer wenig Platz an der Terrasse hat oder wem die Pflege eines Staudenbeetes zu aufwendig ist, der kann auch mit pflegeleichten Zwerggehölzen für angenehmen Duft sorgen. Die in der Tabelle auf Seite 72 vorgestellten, kleinen Gehölze brauchen weder geschnitten noch geteilt zu werden, sie sind gänzlich unkompliziert, wenn der Standort stimmt. Eine kleine Gruppe der Gehölze, die zu unterschiedlichen Zeiten blühen, sieht in einem Beet besonders hübsch aus. Einige lassen sich aber auch im Kübel halten, wenn man die Pflanzenwurzeln im Winter vor starkem Frost schützt. Dazu kann man den Kübel eingraben oder dick, z. B. mit Noppenfolie, umwickeln. Den oberirdischen Pflanzenteilen schadet der Frost nicht.

Duftende winterharte Zwerggehölze (sonniger bis halbschattiger Standor

Deutscher Name *Botanischer Name*	**Wuchsform** **(Höhe)**	**Blüte, Duft** **(Blühmonate)**	**Boden**
Schmalblättriger Sommerflieder *Buddleja alternifolia*	sommergrün, breit überhängend (1 – 1,5 m)	hellviolett, starker Honigduft (6 – 7)	trocken, lehmig bis sandig
Gewöhnlicher Seidelbast* *Daphne mezereum*	sommergrün, wenig verzweigt, sehr giftig! (120 cm)	dunkelrosa, süßer Duft (3 – 4)	neutral bis kalkhaltig, trocken
Rosmarin-Seidelbast* *Daphne cneorum*	immergrün, polsterartig (10 – 20 cm)	karminrot, süßer Duft (4 – 5)	trocken, steinig, kalkhaltig
Frühlings-Zaubernuss *Hamamelis vernalis 'Quasimodo'*	sommergrün, locker buschig (bis 1 m)	gelborange, stark duftend (2 – 3)	leicht sauer, humos
Heckenkirsche *Lonicera × purpursii*	wintergrün, stark verzweigt (bis 2 m)	rahmweiß, starker Veilchenduft (12 – 4)	lehmig bis humos
Bauernjasmin *Philadelphus × coronarius 'Dame Blanche'*	sommergrün, breit überhängend (1 – 1,5 m)	weiß, halb gefüllt, starker süßer Duft (6 – 7)	lehmig bis sandig
Kleinblättriger Pfeifenstrauch *Philadelphus microphyllus*	sommergrün, breit aufrecht (1 – 1,5 m)	weiß, starker süßer Duft (6 – 7)	sandig bis lehmig, etwas humos
Zwerg-Flieder *Syringa microphylla*	sommergrün, breit überhängend (1,5 – 2 m)	rosa bis lila, feiner Fliederduft (5– 6)	lehmig bis sandig
Oster-Schneeball *Viburnum × burkwoodii*	wintergrün, kugeliger Wuchs (2 m)	rosaweiß, süßer Duft (3 – 4, 10 – 12)	lehmig bis humos
Koreanischer Schneeball *Viburnum carlesii*	sommergrün, halbkugelförmig (1 m)	erst rosa, dann weiß, starker Nelkenduft (4 – 5)	schwach sauer
Duft-Schneeball *Viburnum farreri 'Nanum'*	sommergrün, aufrecht (50 cm)	weißrosa, süßer Duft (11 – 12 oder 3 – 4)	humos, etwas feucht

*heimische Art

Gesundes am Abend genießen

Neben Bewegungsmangel und Stress gehören unregelmäßiges Essen, Zeitdruck und lieblose Zubereitung der Speisen aus vorgefertigten, denaturierten und verfremdeten Nahrungsmitteln zu den typischen Zivilisationserscheinungen. Essen wird von vielen Menschen entweder als Mittel zum schnellen Sattwerden oder aber zum gezielten Körperstyling benutzt. Dabei sollte es zumindest am Abend eine Wohltat für den Körper sein und zum Genießen mit allen Sinnen einladen. Ein schöner Abendsitzplatz auf der Terrasse ist wie dazu geschaffen, die Hektik des Tages zu vergessen und ein gesundes Abendessen oder einen Entspannungstee zu genießen.

Kräuterduft und Blütenzauber

Ein schöner Beginn des Feierabends ist im Sommer das Abendessen auf der eigenen Terrasse, gewürzt mit Kräutern aus dem eigenen Garten. Aber auch im Frühjahr oder Herbst sorgen die aromatischen Pflanzen für ein besonders Wohlgefühl. Wenn man vor dem Kochen durch den Garten streift und die passenden Kräuter einsammelt, ist die größte Tageshektik bereits vergessen. Auch wer keine Zeit für einen großen Nutzgarten mit eigener Salat- und Gemüseernte hat, kann von Frühjahr bis Herbst gesunde Kräuter ernten. Viele aromatische Pflanzen wachsen ganz unproblematisch zwischen Stauden, am Beetrand und vor Hecken. Die meisten sind frostfest und ausdauernd oder samen sich, ganz ohne unser Zutun, selbst aus, wenn sie erst einmal in unserem Garten Einzug gehalten haben.

Die in der Tabelle auf Seite 75 genannten Pflanzen dürfen alle blühen und Insekten anlocken. Bis auf den Bär-Lauch werden sie auch von Schmetterlingen (Tag- und/oder Nachtfaltern) bestäubt. Den Bär-Lauch sollte man dann aber nicht mehr ernten. Beim Schnitt-Lauch werden die blühenden Halme hart, bei der Pimpinelle die Blätter und die Zitronen-Melisse verliert beim Blühen leider das Aroma. Alle anderen Kräuter schmecken auch im blühenden Zustand, sodass man nicht nur das feine Aroma, sondern auch die bunten Blüten genießen kann.

Tipp *Der einjährige Borretsch* (Borago officinalis) *sät sich so zuverlässig selbst aus, dass man ihn im Garten getrost als »ausdauernd« einplanen kann. Er blüht sehr attraktiv in Blau von Juni bis Oktober und lockt zahlreiche Insekten an.*

Ausdauernde (frostfeste) blühende Kräuter

Deutscher Name *Botanischer Name*	**Wuchsform** **(Höhe)**	**Blütenfarbe** **(Blühmonate)**	**Verwendung in der Küche**
Schnitt-Lauch *Allium schoenoprasum*	mehrjährige Zwiebelpflanze (10 – 40 cm)	rosa (5 – 9)	Salate, Quarkspeisen, Dips
Bär-Lauch *Allium ursinum*	mehrjährige Zwiebelpflanze (10 – 20 cm)	weiß (4 – 5)	Salate, Quarkspeisen, Dips, Pesto
Ysop *Hyssopus officinalis* in Sorten	Halbgehölz (30 – 80 cm)	weiß, blau (7 – 10)	sparsam verwenden für Gemüse, Braten, Quarkspeisen
Echter Lavendel *Lavandula angustifolia*	Halbgehölz (30 – 60 cm)	violett (6 – 7)	mediterrane Küche, Süßspeisen (auch als Badezusatz und in Duftsäckchen)
Zitronen-Melisse *Melissa officinalis*	mehrjährige Staude (20 – 50 cm)	klein, weißrosa (7 – 9)	Salate, Süßspeisen, Tees, Erfrischungsgetränke
Minze-Arten u. -Sorten *Mentha* in Arten und Sorten (»Fruchtminzen«)	mehrjährige Staude (30 – 120 cm)	hellviolett (7 – 9)	gehackt in Eis, Süßspeisen, Obstsalaten, Dips, Getränken
Wilder Majoran, **Echter Majoran** *Origanum vulgare,* *Origanum majorana*	mehrjährige Staude (20 – 60 cm)	rosa (7 – 9)	Eintöpfe, Kartoffelgerichte, italienische Küche
Echter Salbei *Salvia officinalis* in Sorten	Halbgehölz (40 – 80 cm)	weiß, rosa, violett (5 – 7)	Kartoffel- und Nudelgerichte, mediterrane Speisen, Tees (auch für Aufgüsse, Bäder)
Winter-Bohnenkraut *Satureja montana* in Sorten	Halbgehölz (10 – 30 cm)	weißrosa, violett (9 – 10)	Bohnen, Kartoffeln, Gemüseeintöpfe
Thymian *Thymus* in Arten und Sorten	Halbgehölz (5 – 20 cm)	rosa, weiß (6 – 8)	mediterrane kalte und warme Speisen

Heiße Tees und erfrischende Getränke

Wie ließe sich der erholsame Feierabend schöner einläuten, als mit einer Tasse Tee aus selbst gezogenen Kräutern? Viele Teepflanzen schmecken frisch geerntet und aufgebrüht viel aromatischer als die Tees aus getrockneten Blättern. Im Vorbeigehen gepflückt, kann man schnell einige frische Blätter, Blüten oder ganze Stängel des Lieblingskrauts mit kochendem Wasser übergießen und einige Minuten ziehen lassen.

Viele der Pflanzen sind so wüchsig, dass man im Spätsommer mehr ernten kann, als man trinken kann. Dann bietet sich an, die Blätter selbst zu trocknen und in luftdichten Dosen aufzubewahren. Wie schön, sich dann im Winter drinnen bei einer Tasse Tee an die lauen, duftenden Sommernächte zu erinnern!

Besonders die krampflösenden Tees helfen beim Entspannen vor und beim Verdauen nach dem Abendessen. Minze-Tees (siehe Seite 78) schmecken aber auch kalt getrunken und erfrischen nach einem heißen Tag. Sie sind übrigens (im Gegensatz zur Melisse) am aromatischsten, wenn sie blühen, sodass man die Blüten auf keinen Fall entfernen sollte. Diese ernähren im Spätsommer, wenn es kaum mehr andere Blüten gibt, auch jede Menge kurzrüsselige Insekten wie Schwebfliegen und Hummeln.

Tees für den entspannten Feierabend

Deutscher Name *Botanischer Name*	**Verwendung, Heilwirkung**	**Standort, Pflege**
Kleiner Odermennig, Großer Odermennig *Agrimonia eupatoria, Agrimonia procera*	Blätter wirken adstringierend und heilend bei Entzündungen im Mund und Rachenraum sowie bei leichtem Durchfall	sonnige, magere Standorte, z. B. am Wegrand; Großer Odermennig auch an schattigen und feuchten Standorten
Hadriansminze *Calamintha spec. 'Hadrian'*	Blätter wirken gegen Nervosität, Schlaflosigkeit, Appetitlosigkeit und Verdauungsbeschwerden	sonnig, trocken, an Wegrändern, in mediterranen Kräuterbeeten
Römische Kamille *Chamaemelum nobile*	Blüten und Blätter wirken schwach gegen Appetitlosigkeit, Verdauungsbeschwerden und Entzündungen in Mund und Rachen	sonnige, magere Standorte, z. B. in Fugen, als Duftrasen; einjährig, sät sich aber immer wieder selbst aus
Echter Lavendel *Lavandula angustifolia*	Blüten beruhigend, galletreibend und gegen Blähungen	sonnige, trockene Plätze; im Frühjahr auf halbe Höhe abschneiden
Echte Kamille *Matricaria recutita*	Blüten wirken entzündungshemmend und krampflösend bei Verdauungsbeschwerden	sonnige, magere Standorte; einjährig, sät sich selbst wieder aus; im Herbst einfach abmähen
Zitronen-Melisse *Melissa officinalis 'Citronella'*	Blätter wirken beruhigend, antibakteriell und krampflösend, kalt getrunken auch erfrischend	sonnig bis halbschattig, trockener bis normaler Boden; nicht blühen lassen, da die Blätter das Aroma verlieren
Rosmarin *Rosmarinus officinalis* (frosttolerante Sorten)	Blätter wirken beruhigend, krampflösend, auch appetitanregend und kreislaufstabilisierend	sonnig, trocken, geschützt (z. B. am Haus; im Winter vor starkem Frost schützen), im Frühjahr erfrorene Triebe abschneiden
Echter Salbei *Salvia officinalis*	Blätter wirken gegen Entzündungen im Mund und Rachen sowie gegen krampfartige Verdauungsbeschwerden	sonnig, trocken; im Winter vor starkem Frost schützen; Triebe im März bis ins alte Holz einkürzen

Minzen für den Feierabend

Deutscher Name *Botanischer Name*	**Verwendung, Heilwirkung**	**Standort, Pflege**
Pfeffer-Minze *Mentha × piperita*	Blätter wirken leicht desinfizierend bei Erkältungen und krampflösend bei Verdauungsbeschwerden	halbschattig bis schattig, feuchter lehmiger Boden; »wandert«, deshalb mit Wurzelsperre oder im Kübel pflanzen
Thüringer Minze *Mentha × piperita var. piperita 'Multimentha'*	aromatische und Mehltau resistente Züchtung für Tees	siehe Pfeffer-Minze, auch für Duftpfad in der Sonne gut geeignet, wenn der Boden feucht und lehmig ist
Grüne Minze *Mentha spicata*	ähnlich Pfeffer-Minze, aber milder; auch zum Würzen warmer und kalter Gerichte geeignet	halbschattig bis schattig auf feuchtem, leicht saurem Boden; Wurzelsperre notwendig
Marokkanische Minze *Mentha spicata var. crispa 'Marokko'*	etwas süßer, rauchiger Geschmack	auch in trockenem Klima auf feuchtem Boden und als Unterpflanzung; im Winter mit viel Laub abdecken
Kentucky-Spearmint-Minze *Mentha × cordifolia 'Kentucky'*	milder bekömmlicher Tee ohne Menthol, aber mit Spearmint-Aroma	wächst auch gut im Kübel und Wintergarten, Ernte das ganze Jahr möglich
Limonen-Minze *Mentha 'Hillary's Sweet Lemon'*	mentholarme , süße Minze mit intensivem Bergamottearoma, auch für kalte Tees, Bowlen und Drinks	am halbschattigen Rand eines mediterranen Beetes oder zwischen höheren Stauden
Apfel-Minze *Mentha × rotundifolia*	besonders kalt getrunken erfrischend, aufheiternd; auch für Kinder, mentholfrei	bei feuchtem Boden auch in der Sonne, besser im Halbschatten; »wandert«, deshalb in Kübel oder Hochbeeten pflanzen

Tipp *Mentholreiche Minzen wie die Pfeffer-Minze wirken desinfizierend und, abends heiß getrunken, wärmend und beruhigend. Lange angewendet, können sie aber auch den Magen reizen. Mentholarme bzw. -freie Minzen sind dagegen sehr bekömmlich und muntern eher auf.*
Im Garten vermehren sich Minzen durch unterirdische Ausläufer, denen man mit etwa 30 Zentimeter tief eingegrabenen Wurzelsperren Einhalt gebietet.

Tiere im naturnahen Nachtgarten

Auch wenn uns das oftmals nicht bewusst ist: Viele Tiere leben in unserem Garten, sind abends und nachts aktiv und tragen ganz entscheidend zum ökologischen »Funktionieren« bei. Darüber hinaus sind sie für uns eine ständige Quelle der Freude. Wer würde nicht an lauen Sommerabenden den Gesang der Amsel vermissen? Wer nicht das Zirpen der Grillen? Wie groß ist die Überraschung, wenn man nachts Glühwürmchen sieht!

Außerdem sind wir dankbar über jeden nächtlichen »Räuber«, der die Mäuse in Schach hält, Schnecken frisst und nach Mücken jagt. Viele der nächtlichen »Dramen« bekommen wir zur Schlafenszeit nicht mit. Umso mehr lohnt es sich, möglichst viele Abende und warme, mondhelle Nächte draußen zu verbringen, um den Garten von einer ganz anderen Seite kennenzulernen. Manch einer erschreckt sich vielleicht über die ungewohnten Schatten und Geräusche, doch von allen tierischen Besuchern im Garten geht keinerlei Gefahr aus.

Die folgenden Tierporträts sollen Ihnen einige Nachtaktive vorstellen, auch wenn man ihre nächtlichen Laute hier nur schwer beschreiben kann (Literaturtipps siehe Seite 192). Die Hintergrundinformationen und Tipps sollen Ihnen außerdem helfen, neue Lebensräume für die interessanten Tiere zu schaffen, damit sich die nächtlichen Besucher in Ihrem Garten wohlfühlen und auf Dauer ansiedeln.

Tipp *Wer gerne sehen möchte, welche Tiere nachts den eigenen Garten nutzen, kann eine Wildkamera installieren. Mithilfe von Bewegungssensoren und Infrarotleuchten sind Nachtaufnahmen von größeren Tieren möglich, ohne dass sie gestört oder vertrieben werden. Die Aufnahmen werden gespeichert und können mittels USB- und/oder TV-Anschluss angesehen werden. Aber Achtung! Die Kamera darf aus datenschutzrechtlichen Gründen nur auf dem eigenen Grundstück Fotos machen. Ohne Erlaubnis des Grundstücksbesitzers darf man auf öffentlichen Wegen sowie in Wald und Feld keine Kamera installieren!*

Den Nachtgarten tierfreundlich gestalten

Mit jedem Stück bebautem Grundstück schränken wir die Lebensräume von Pflanzen und Tieren ein. So ist es nur billig, zumindest im eigenen Garten Ersatzräume für diejenigen zu schaffen, die dem Haus- und Straßenbau weichen mussten. Mit einer naturnahen Dachbegrünung von Nebengebäuden kann der Schaden durch den Hausbau abgemildert werden. Hier finden manche Pflanzen der Magerstandorte einen Platz und Insekten Nahrung. Begrünte Fassaden schaffen Ersatz für verloren gegangene Bäume und Büsche. Hier leben Insekten und Spinnentiere sowie brütende Vögel. Hängt man zudem noch spezielle Nistkästen auf, kann sich das Artenspektrum auch um Höhlenbrüter erweitern, die in Wald und Feld nicht mehr genügend alte und hohle Bäume finden. Spezielle Fledermauskästen ersetzen die Spalten von alten Bäumen und Fachwerkhäusern, in denen Fledermäuse den Tag verschlafen und ihre Jungen großziehen. Selbst Dachbodenbewohner wie der Abendsegler oder die Schleiereule können mit speziellen Bruthöhlen einen Platz im Giebel finden. Sogar der trockene Randstreifen am Haus und eine wasserdurchlässige Terrasse mit Fugenbepflanzung bieten so manchem selten gewordenen Insekt Brutplatz und Lebensraum, wenn man einige Dinge bei der Gestaltung beachtet.

Viele Tiere brauchen aber wesentlich größere Lebensräume als einen Privatgarten. Deshalb ist es so wichtig, seinen Nachbarn mit gutem Beispiel voranzugehen und am eigenen Garten zu zeigen, wie schön ein naturnaher Garten aussehen kann (z. B. an Tagen der Offenen Gärten, siehe Seite 194). Wenn man sich darüber hinaus auch noch im Natur- und Landschaftsschutz engagiert, lernt man eine Menge von anderen Naturfreunden und erweitert seinen Horizont über den eigenen Gartenzaun hinaus.

Tierquartiere rund ums Haus

Ein Garten lässt sich relativ einfach tierfreundlich gestalten, wenn man einige grundsätzliche Dinge beachtet: Je vielfältiger man den Garten strukturiert, desto mehr und unterschiedlichere Lebensräume bzw. ökologische Nischen kommen darin vor. Die Folge ist eine hohe Artenvielfalt an Pflanzen und Tieren. Brauchen die verschiedenen Pflanzen bestimmte Böden und Klimabedingungen, so sind für die Tiere das Nahrungsangebot, die Brutplätze und Versteckmöglichkeiten wichtig.

Die Artenvielfalt im Garten lässt sich erhöhen, wenn man die Vielfalt natürlicher Lebensräume im Kleinen nachbildet. Dabei muss man immer in allen Dimensionen denken: nicht nur an die Größe und Flächengestaltung am Boden, sondern auch an die verschiedenen Höhen der gewünschten neuen Strukturen. Jedes Gebäude und jeder Baum wird in unterschiedlichen Etagen von verschiedenen Arten genutzt. Fehlende Hohlräume lassen sich mit künstlichen Höhlen ausgleichen. Ob in einer Mauer, an der Fassade oder am Hausgiebel, für jeden Standort gibt es Ersatzquartiere für Vögel, Fledermäuse und Insekten, die man einfach anbringen kann. Passt das Umfeld mit Nahrungsangebot, Nistmaterial und weiteren notwendigen Voraussetzungen zur entsprechenden Art, werden die Ersatzquartiere bald angenommen (mehr dazu ab Seite 84).

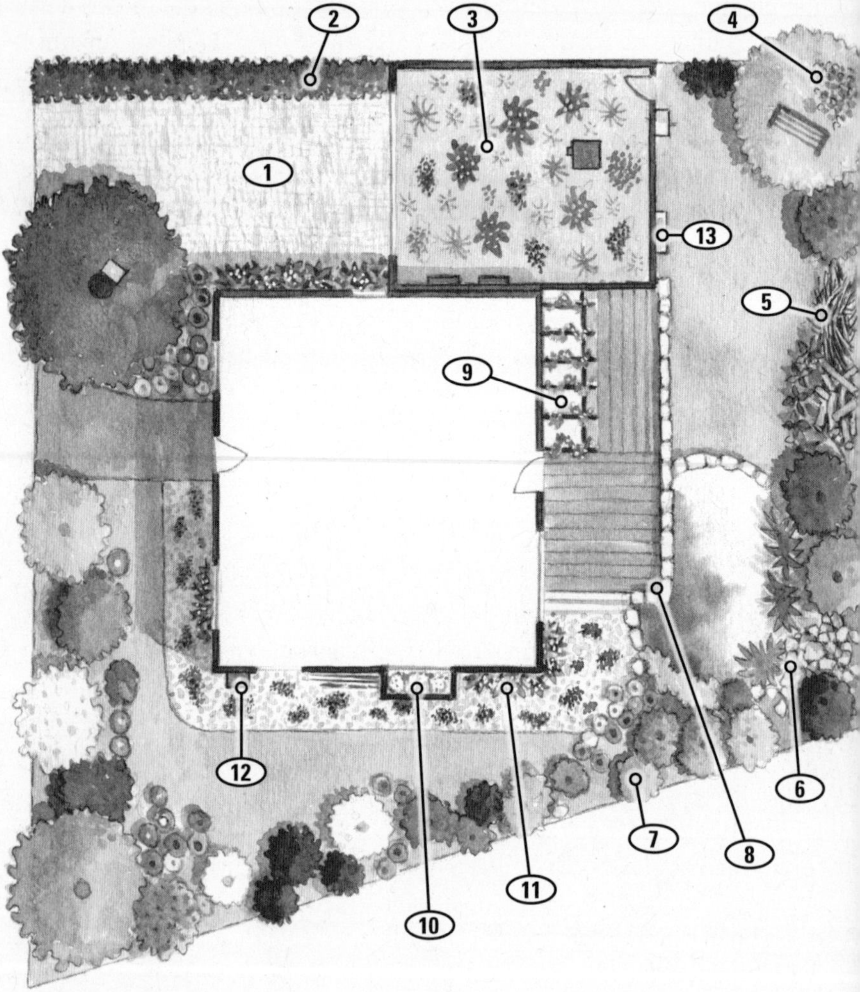

Tipp *Mit jeder geförderten Tierart im Garten lockt man viele weitere Arten an. Diese oft unscheinbaren kleinen Tiere, Pilze und Pflanzen profitieren ebenfalls von unseren Bemühungen um eine, für uns »attraktive« Art und sollten uns deshalb auch willkommen sein.*

Naturnahe und tierfreundliche Gestaltung rund ums Haus

(1) **Offenporige Zufahrt:** als Mager- oder Schotterrasen ein Standort für seltene Pflanzen, die von Insekten geschätzt werden.

Offenporige Wege und Plätze: z. B. Schotterrasen, Einsaat mit Thymian für Insekten.

(2) **Schnitthecke (Liguster):** Blüten und Blätter für Schmetterlinge und deren Raupen. Dichte Hecken bieten Brutplätze für Vögel.

(3) **Garagendach** naturnah oder extensiv begrünt, magerer Standort für seltene Pflanzen und Nahrungsquelle für viele Insekten. Möglicher Standort für einen **Hummelnistkasten** (fertige Nisthilfe für Garten- und Erdhummel).

(4) **Laubhaufen** als Sommerversteck für Amphibien und zum Überwintern vieler Tiere, z. B. Igel.

(5) **Reisig** und **Totholz** als Haufen oder ordentlich aufgeschichtet wertvolle Biotope für Insekten und Pilze, Brutplätze für Vögel (z. B. Zaunkönig), Verstecke für Kleinsäuger, Überwinterungsplätze für Amphibien und Reptilien.

Brenn-Nesseln: wertvolle Futterpflanze für viele Falterraupen.

(6) **Steinhaufen** sind beliebte Verstecke für Eidechsen, bieten Spitzmäusen Unterschlupf.

(7) **Gemischte Hecke** mit heimischen Blütengehölzen bietet Insekten und Vögeln Nahrung.

Heimische Stauden liefern Insekten Nahrung von Frühjahr bis Herbst.

Teich: Naturnah angelegt, bieten Ufer und Wasser Lebensräume für viele Tierarten.

Wiese und **Blumenrasen** mit heimischen Saaten sind blühende Alternativen zum artenarmen Rasen.

(8) **Trockenmauer** mit ihren Spalten bietet vielen Pflanzen und Tieren Lebensraum und Versteck.

Fugenbegrünung: Im Pflaster sorgen Thymian und andere »Fugenkünstler« für Duft und Nektar für Insekten.

Trockenstreifen: Sandbeete an der überdachten Südseite des Hauses bieten Brutplätze für Sandbienen.

(9) **Pergola:** Begrünt mit Kletterpflanzen, ist sie wertvoll als Nistplatz für Vögel und Nahrungsquelle für Insekten.

(10) **Kräuterbeet:** Einige mediterrane Kräuter sowie Minzen blühen auch noch im Spätsommer und bieten vielen Insekten Nektar.

(11) **Fassadenbegrünung** mit heimischen Kletterpflanzen bietet vielen Tieren (Spinnen, Insekten, Vögeln) Nahrung und Unterschlupf.

Verschalung der Fassade mit geeigneten Öffnungen für spaltenbewohnende Fledermäuse, auch als Wochenstube, wenn in südliche Richtung zeigend.

(12) **Nistkästen** an Gebäuden und hohen Bäumen bieten Brutmöglichkeit für viele Vogelarten, je nach Bauart und Öffnungsweite für Höhlenbrüter, Halbhöhlenbrüter und andere Vögel. Ersatz für fehlende alte Bäume mit Stamm- und Asthöhlen.

(13) **Fledermauskästen** an Gebäuden und hohen Bäumen sind Sommerquartiere für spaltenbewohnende Fledermäuse, Ersatz für fehlende Spalten in Bäumen und Gebäuden, als Flachkasten oder Höhle.

Weitere Kästen: Auch für Bilche (Haselmaus, Sieben- und Gartenschläfer) gibt es vorgefertigte Tierquartiere.

Voraussetzungen für einen tierfreundlichen Garten

- ▹ Kleine Durchlässe am Gartenzaun am Boden für Kleintiere wie den Igel.
- ▹ Heimische Bäume, Sträucher und Stauden als Nahrungspflanzen (Blätter, Nektar, Pollen, Früchte) für Wildtiere.
- ▹ Strukturen wie Totholz- und Reisighaufen, Trockenmauern und Steinhaufen, die Verstecke für viele Amphibien, Reptilien, Vögel und Säugetiere bieten.
- ▹ Verschiedene natürliche Bodenbeläge auf Wegen und Plätzen für unterschiedliche Lebensbedingungen.
- ▹ Unterschiedliche kleinräumige Klimabedingungen in Sonne, Halbschatten und Schatten, Trockenheit und Feuchtigkeit.
- ▹ Ungestörte Gartenecken und Schutz vor Neugierigen sowie Rücksichtnahme bei der Gartenpflege.
- ▹ Schutzmaßnahmen vor Haustieren und natürlichen Feinden (siehe dazu Seite 165).
- ▹ Wasserstellen zum Trinken mit Schutz vor dem Ertrinken.
- ▹ Fassadengestaltung mit Kletterpflanzen, Ersatzquartieren und Bruthöhlen.
- ▹ Dachbegrünung von Garagen, Carports und anderen Nebengebäuden.
- ▹ Verzicht auf giftige Anstriche, Pflanzenschutzmittel und andere giftige Chemikalien.
- ▹ Verzicht auf insektenfeindliche Lampen und Leuchten.
- ▹ Spaß an Naturbeobachtungen, Offenheit und Bereitschaft, Neues zu lernen.
- ▹ Bereitschaft, sich vor notwendigen Eingriffen über die Tiere und ihre Lebensweise zu informieren und gegebenenfalls eigene Bedürfnisse hintanzustellen.

Tipp *Auch Haus und Nebengebäude bieten vielen Tieren Versteck- und Nistmöglichkeiten (siehe Abbildung auf Seite 85).*

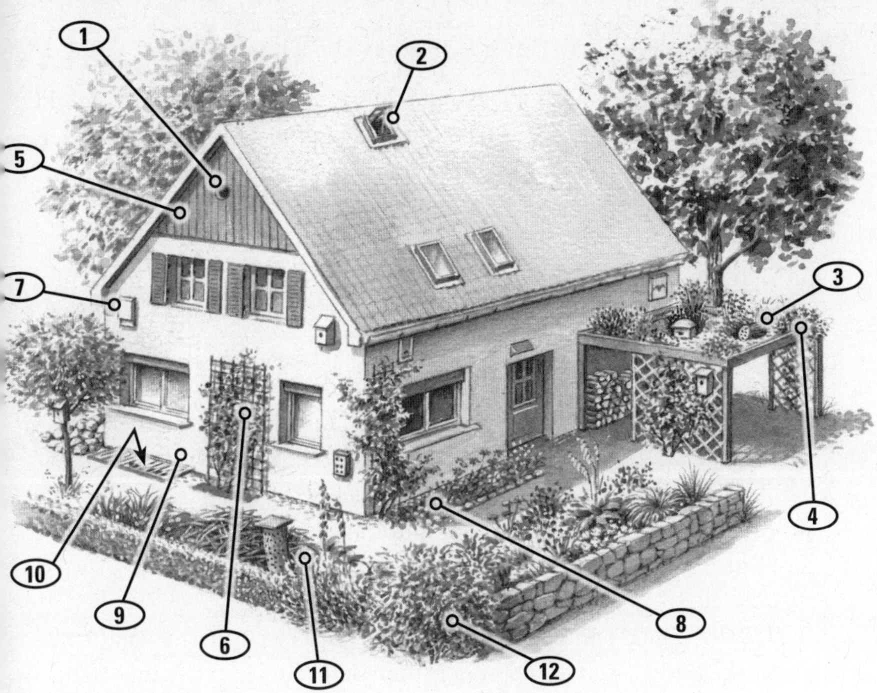

(1) **Dachgiebel:** Einfluglöchern zum abgetrennten Dachbodenraum mit Nisthilfen für Eulen

(2) **Dachboden:** Einfluglöcher und Nisthilfen für Fledermäuse

(3) **Nisthilfen** an oder auf Nebengebäuden und im Garten für Schmetterlinge und Wildbienen

(4) **Flachdach-Begrünung** mit heimischen Blütenpflanzen für Schmetterlinge und Wildbienen

(5) **Fassadenverkleidung:** Spalten für Fledermäuse

(6) **Fassadenbegrünung:** heimische Kletterpflanzen als Nektarspender und Nistplätze

(7) **Fassade, Pfosten:** Aufhängen von Sommerquartieren für Fledermäuse

(8) **Sauberkeitsstreifen:** Trockenbeet für Nachtfalterpflanzen

(9) **Spalt** zwischen Keller und Sauberkeitsstreifen: Überwinterungsmöglichkeit für Lurche

(10) **Naturkeller (feucht):** Einflugloch (mardersicher) für überwinternde Fledermäuse, Lurche, Schmetterlinge

(11) **Ungenutzte Ecken und Winkel:** z. B. mit lückigen Holz- oder Steinstapeln für Tiere attraktiv gestalten

(12) **Heimische Pflanzenarten:** Nektar, Pollen, Samen und Früchte für viele Tierarten

Tiere mit Pflanzen anlocken

Wer Tiere in seinen Garten locken möchte, muss mindestens über deren Nahrungsansprüche Bescheid wissen. Die Entwicklung von Insekten und Blütenpflanzen ist eines der faszinierendsten Beispiele für Jahrmillionen währende Evolution und ökologische Zusammenhänge. Nachtfalter und Blüten, Falterraupen und ihre Futterpflanzen sowie die Feinde von Falter und Raupe sind Teile des Netzwerks Natur. Wer die hübschen Schmetterlinge sehen möchte, muss auch die ungeliebten Futterpflanzen (oft Brenn-Nesseln!) ertragen lernen. Wer Vögel und Fledermäuse liebt, muss auch die Gesetze vom Fressen und Gefressenwerden akzeptieren, wenn die Schmetterlinge ihnen als Nahrung dienen.

Genauso wie eine Schwalbe noch keinen Sommer macht, machen ein paar nektarspendende Pflanzen noch keinen Naturgarten. Doch in sehr kleinen Gärten, auf Terrassen und Balkonen kann eine am Abend blühende Staude mit ihren Besuchern bereits ein faszinierendes Naturerlebnis sein.

Wer einen größeren Garten besitzt, kann schon mit einer naturnahen Hecke und passendem Staudensaum den ersten Schritt zum naturnahen Garten machen.

Tipp *Bestimmte Staudenmischungen werden gerne als »Nachtfalterbeete« verkauft und dienen gleichzeitig den Fledermäusen als willkommener Fressplatz. Als »Fledermausbeet« angepriesen, verwirren sie wiederum so manche Käufer, denn unsere heimischen Fledermäuse fressen ausschließlich Insekten, die von den Blüten der Stauden angezogen werden.*

Blüten für Schmetterlinge

Pflanzenarten, die durch Schmetterlinge bestäubt werden, erkennt man häufig an röhrenförmigen Blüten (z. B. Leimkraut) oder langen Blütenspornen (z. B. Akelei). Hier können nur Insekten mit sehr langem Rüssel wie einige Schwebfliegen-Arten und Schmetterlinge an den Nektar gelangen. Blüten, die im Schwebflug (von Schwärmern) ausgesaugt werden, brauchen keinen Landeplatz, im Gegensatz zu Blüten, auf die sich z. B. die Falter (Eulen) zum Trinken setzen. Blüten, die von nachtaktiven Faltern bestäubt werden sollen, müssen auch in den Abendstunden oder über Nacht offen bleiben. Meist duften sie auch für den Menschen angenehm süßlich. Außerdem haben sie oft helle Blütenblätter und kontrastreiche Formen, um im Dunkeln aufzufallen. Blüten, die sich bereits am Nachmittag oder am frühen Abend schließen, sind demnach für Nachtfalter keine Nahrungsquelle.

Stauden für Nachtfalter und Fledermäuse

Wer genug Platz für ein Beet hat, kann neben den einjährigen und ausdauernden Kübelpflanzen, die wir Ihnen auf den Seiten 35 und 36 vorgestellt haben, auch ausdauernde Stauden in den Garten pflanzen. In der Tabelle auf Seite 88 finden Sie verschiedene Pflanzenarten, die für Nachtfalter, aber auch Tagfalter interessant sind. Die hungrigen Nachtfalter locken dann auch Fledermäuse an, die wiederum von den Faltern profitieren.

Die meisten Abend- und Nachtblüten enthalten Farbstoffe, die kurzwelliges Licht reflektieren. Wir Menschen nehmen dies nur als besonders leuchtend wahr. Nachtfalter sehen dagegen eine ganz andere Blütenzeichnung als wir, da sie auch UV-Licht sehen können.

Das Leuchten der Blüten in der Abenddämmerung und im Mondlicht schafft für uns eine besonders stimmungsvolle Atmosphäre, die man genießen sollte. Hinzu kommt der süßliche Blütenduft, der Nachtfalter und Mensch gleichermaßen betört.

Blühende Stauden für Nachtfalter

Deutscher Name *Botanischer Name*	**Blütenfarbe (Blühmonate)**	**Standort und Besonderheiten**
Schmalblättriges Weidenröschen* *Epilobium angustifolium*	pink (7 – 9)	sonnig bis halbschattig, feuchter Boden; samt sich gut aus
Zitronen-Taglilie *Hemerocallis citrina*	orangerot (6 – 7)	sonnig bis halbschattig; kann wuchern
Königs-Lilie *Lilium regale 'Album'*	weiß (7 – 8)	Halbschatten; sehr dekorative große Blüte
Ausdauerndes Silberblatt* *Lunaria rediviva*	weiß (5 – 7)	Halbschatten, alkalisch, stickstoffreich; dekoratives Blatt
Wunderblume *Mirabilis jalapa* in vielen Sorten	rot, rosa, gelb oder weiß (7 – 9)	Knollen müssen frostfrei überwintern; Duft nach Zitrone oder Orange
Breitblatt-Phlox *Phlox amphifolia 'Weiße Wolke'*	weiß (6 – 7)	sonnig, trockener Boden; duftet stark
Wald-Phlox *Phlox divaricata 'Clouds of Perfume'*	blau (6 – 7)	sonnig bis halbschattig; duftet stark
Seifenkraut* *Saponaria officinalis*	hellrosa (6 – 9)	sonnig, sandig bis lehmig
Rote Lichtnelke* *Silene dioica*	rosarot (5 – 9)	sonnig bis halbschattig, kalkhaltiger Boden
Nickendes Leimkraut* *Silene nutans*	weiß (5 – 9)	sonnig bis halbschattig; Duft nach Hyazinthen
Taubenkropf-Leimkraut* *Silene vulgaris*	weißrosa (5 – 9)	sonnig bis halbschattig, trockener, neutraler bis kalkhaltiger Boden
Kleines Immergrün* *Vinca minor 'Gertrude Jekyll'*	weiß oder blau (4 – 5)	halbschattig bis schattig, humoser Boden; bodendeckend, immergrün

*in Mitteleuropa heimische Art bzw. Sorte heimischer Art

Tipp *Es gibt viele nachtaktive Falterarten, deren Schmetterlinge oftmals keine Nahrung aufnehmen, sondern nur von den Fettreserven, die sie als Raupe eingelagert haben, zehren. Bei den Pflanzempfehlungen für Nachtschmetterlingsbeete haben wir uns deshalb nur auf Arten aus den Familien der Eulen(falter) und Schwärmer beschränkt, die auf Nektar angewiesen sind.*

Eine Hecke für Nachtfalter und Fledermäuse

Anstelle von Stauden kann man auch verschiedene blühende Gehölze pflanzen, die Nachtschmetterlingen Nahrung bieten und so auch den Fledermäusen zu Futter verhelfen. Zusammen mit den passenden Futterpflanzen für die Raupen entsteht so eine Hecke, die auch anderen Tieren Nahrung und Unterschlupf bietet. Neben vielen anderen Insekten, die sich hier einfinden, sind es vor allem Vögel, die das Insekten- und Raupenangebot während der Jungenaufzucht zu schätzen wissen. Hier können sie auch gleich ihre Nester bauen. Höhlenbrüter wie Kleiber, Blau- und Kohlmeisen kann man mit aufgehängten Nistkästen beglücken. Im Herbst laben sich die Vogelarten zusammen mit einigen Kleinsäugern an den Früchten der Gehölze. Und im Winter bietet die Hecke im dichten Geäst sowie im Falllaub am Boden Schutz vor kaltem Wind und jagenden Greifvögeln. Auf diese Weise ist eine naturnahe Hecke zu allen Tages- und Jahreszeiten interessant für viele Tiere und die Gartenbesitzer.

Tipp *Sträucher eignen sich selten zum Aufhängen von Nistkästen. Sie sind anfangs zu niedrig und zu schwach, später auch zu dicht verzweigt, als dass Vögel ungehindert anfliegen könnten. Deshalb ist es sinnvoll, einige hohe Pfosten zwischen die Sträucher zu setzen und daran Nistkästen aufzuhängen. Aber auch schlanke kleine Bäume, z. B. Ebereschen und andere aus der Gattung Sorbus, wachsen gut in einer Hecke bzw. darüber hinaus und eignen sich, größer geworden, zum Aufhängen von Nistkästen.*

Blühende heimische Gehölze für Tag- und Nachtfalter

Deutscher Name *Botanischer Name*	**Wuchsform** **(Höhe)**	**Blütenfarbe** **(Blühmonate)**	**Standort** **(Boden)**
Sommerflieder, Schmetterlingsstrauch* *Buddleja davidii (Sorten)*	sommergrüner Strauch (1,5 – 2 m)	weiß, blau, violett (7 – 10)	sonnig bis halbschattig (trocken bis frisch)
Gewöhnlicher Liguster *Ligustrum vulgare 'Atrovirens'*	wintergrüner Strauch (4 – 6 m)	weiß (6 – 7)	sonnig bis halbschattig (trocken bis frisch)
Jelängerjelieber *Lonicera caprifolium*	schlingendes Klettergehölz (3 – 5 m)	gelb-weiß (5 – 7)	sonnig bis halbschattig (kalkhaltig, humos)
Wald-Geißblatt *Lonicera periclymenum*	schlingendes Klettergehölz (3 – 4 m)	rot-gelb (7 – 9)	sonnig bis halbschattig (humos)
Gewöhnliche Heckenkirsche *Lonicera xylosteum*	sommergrüner Strauch (2 – 3 m)	hellgelb (5 – 6)	sonnig bis halbschattig (kalkhaltig, trocken)
Bibernell-Rose *Rosa spinosissima*	sommergrüner Strauch (1 – 2 m)	hellgelb (5 – 6)	sonnig (trocken)
Apfel-Rose *Rosa villosa*	sommergrüner Zwergstrauch (1 – 1,5 m)	rosa (6 – 9)	sonnig bis halbschattig (trocken, nährstoffarm)
Rosmarin-Weide *Salix rosmarinifolia*	sommergrüner Zwergstrauch (0,8 – 1,2 m)	purpur-gelb (4 – 5)	sonnig bis halbschattig (trocken)
Schwarzer Holunder *Sambucus nigra*	sommergrüner Strauch (4 – 6 m)	weiß (5 – 7)	sonnig bis halbschattig (mäßig feucht)
Kleinblättriger Flieder* *Syringa microphylla*	sommergrüner Zwergstrauch (1,5 – 2 m)	rosa (6 – 8)	sonnig bis halbschattig (trocken)
Gemeiner Flieder* *Syringa vulgaris in Sorten*	sommergrüner Strauch (2 – 4 m)	weiß, violett, lila (4 – 6)	sonnig bis halbschattig (nährstoffreich)

Deutscher Name *Botanischer Name*	**Wuchsform (Höhe)**	**Blütenfarbe (Blühmonate)**	**Standort (Boden)**
Gemeiner Schneeball *Viburnum opulus*	sommergrüner Strauch (2,5 – 3 m)	weiß (5 – 6)	halbschattig bis schattig (humos, feucht)
Wilde Rote Johannisbeere *Ribes rubrum*	sommergrüner Zwergstrauch (1,5 m)	grüngelb (4 – 5)	sonnig bis halbschattig (frischer Boden)
Wilde Stachelbeere *Ribes uva-crispa*	sommergrüner Zwergstrauch (1,2 m)	rötlich grün (4 – 5)	sonnig bis halbschattig (frischer Boden)

*nicht in Mitteleuropa heimisch, aber eingebürgert und von Faltern geschätzt

Tipp *Wer noch mehr für Falter tun möchte, sät den Saum vor der Hecke mit einer speziellen Samenmischung ein (Bezugsquelle siehe Seite 195). Dieser anfangs breite Streifen kann eine große Blütenfülle bieten. Wird die Hecke später höher und breiter, verschwinden die sonnenliebenden Arten ganz von selbst und machen Platz für schattenverträglichere Wildstauden, die sich meist von selbst einfinden, wenn man das Laub liegen lässt.*

Gehölze für Falterraupen

Wer Schmetterlinge sehen möchte, sollte auch Futterpflanzen für die Raupen bieten. Das gilt nicht nur für nachtaktive Falter, sondern auch für Schmetterlinge, die uns tagsüber erfreuen. Denn für das Überleben der Schmetterlinge sind geeignete Raupenfutterpflanzen mindestens ebenso wichtig wie die Nektarquellen. Neben der bekannten Brenn-Nessel und anderen sogenannten »Unkräutern«, die wichtige Raupenfutterpflanzen sind, gibt es viele attraktive Stauden und Gehölze, die in kleinere und große Gärten passen.

Viele Nachtfalter leben als erwachsene Tiere (Imago) nicht lange. Sie fliegen oft nur einen Sommer lang, um sich zu paaren und Eier zu legen. Zum Fliegen brauchen sie Energie, hautsächlich Zucker, den sie mit dem Nektar von den Blüten bekommen. Dabei bestäuben sie, ganz ohne Absicht, die betreffenden Pflanzen. Manche Nachtfalter sind auch mit überreifem Obst oder gar Zuckerwasser zufrieden. Wer bestimmte Nachtschmetterlinge in seinen Garten locken möchte, sollte die passenden Sträucher im Garten haben.

Die heimischen Gehölze der Tabelle auf der folgenden Seite eignen sich als Solitärgehölz oder in größeren Gärten für eine frei wachsende Hecke in sonniger bis halbschattiger Lage mit normalem bis feuchtem Boden. Sie sind nicht nur als Futterpflanzen für Raupen von Tag- und Nachtfaltern interessant, sondern bieten auch Vögeln und nachtaktiven Kleinsäugern wie Bilchen (siehe Seite 135) im Herbst ihre Früchte. Die Falterraupen sind für viele Vögel zur Brutzeit heiß begehrtes Futter für die Jungen.

Die Raupe des Ligusterschwärmers (Sphinx ligustri) *hebt bei Bedrohung ihren Vorderkörper zur namensgebenden Sphinxhaltung an. Esche und Liguster sind ihre bevorzugten Nahrungsquellen.*

Heimische Gehölze als Nahrungsquelle für Falterraupen (und andere Tiere)

Deutscher Name *Botanischer Name*	**Wuchsform (Höhe)**	**Wert für Tiere**
Kornelkirsche *Cornus mas*	breiter Strauch oder Kleinbaum (bis 3 m)	u. a. einige Spannerraupen; frühe Blüte als erste Nektarquelle; rote Früchte für Vögel
Gewöhnliche Haselnuss *Corylus avellana*	aufrechter Strauch (3 – 5 m)	18 Groß- und 28 Kleinschmetterlingsraupen; Früchte für Vögel und Kleinsäuger
Gewöhnlicher Liguster *Ligustrum vulgare*	wintergrüner Strauch oder Schnitthecke (2 – 3 m)	viele Raupen nachtaktiver Spanner-Arten und Ligusterschwärmer; Blüten für viele Schmetterlinge; Beeren für Vögel
Holz-Apfel, Wild-Apfel *Malus sylvestris (M. communis)*	Großstrauch oder Kleinbaum (3 – 10 m)	Raupen von 21 Groß- und 42 Kleinschmetterlingsarten; Blüten für Bienen und Hummeln; Früchte für Vögel und Kleinsäuger
Trauben-Kirsche *Prunus padus*	mehrstämmiger Großstrauch bis mittelgroßer Baum (6 – 15 m)	z. B. Raupe des Abendpfauenauges; Blüten für viele Insekten; Früchte für Vögel und Kleinsäuger
Schlehe, Schwarzdorn *Prunus spinosa*	stacheliger Strauch (2 – 3 m)	z. B. Raupe des Abendpfauenauges; frühe Blüte wichtige Bienenweide; Früchte für Vögel
Holz-Birne, Wild-Birne *Pyrus communis*	mittelgroßer bis großer Baum (5 – 15 m)	viele Falterraupen, z. B. Wiener Nachtpfauenauge; Blüten für Bienen und Hummeln; Früchte für Vögel und Kleinsäuger

Heimische Gehölze als Nahrungsquelle für Falterraupen (und andere Tiere)

Deutscher Name *Botanischer Name*	**Wuchsform (Höhe)**	**Wert für Tiere**
Echter Kreuzdorn *Rhamnus cathartica*	stacheliger Strauch (2 – 3 m)	Raupen des Faulbaumbläulings
Gewöhnlicher Faulbaum *Rhamnus frangula* *(Frangula alnus)*	Großstrauch oder Kleinbaum (2 – 5 m)	z. B. Raupen des Faulbaumbläulings
Sal-Weide *Salix caprea*	großer Strauch oder kleiner Baum (5 – 8 m)	Raupen des Abendpfauenauges; Blüten sind auch wichtige erste Bienenweide
Eberesche *Sorbus aucuparia*	kleiner schmaler Baum (4 – 5 m)	viele Nachtfalterraupen; Blüten für viele Insekten; Beeren für Vögel und Kleinsäuger
Gemeiner Flieder *Syringa vulgaris*	sommergrüner Zierstrauch (3 – 4 m)	u. a. Raupe des Ligusterschwärmers; duftende Blüten mit Nektar für viele Insekten
Gewöhnlicher Schneeball *Viburnum opulus*	breiter Großstrauch (3 – 5 m)	z. B. Raupen des Ligusterschwärmers; weiße Blüten für Insekten, rote Beeren für Vögel

Auch die Raupen zahlreicher Tagfalter wie des Admirals (Vanessa atalanta) *leben ausschließlich von den Blättern der Großen Brenn-Nessel* (Urtica dioica). *Die Falter lieben reifes Obst, z. B. Brombeeren.*

Wollen Sie nur Nachtfalterraupen Nahrung bieten, hilft Ihnen die Tabelle auf Seite 96. Die genannten Schmetterlingsraupen wurden alle von Kennern an den betreffenden Pflanzen fressend gesehen. Doch ganz sicher ist die Aufzählung längst noch nicht beendet und es lassen sich noch mehr Arten entdecken. Nehmen Sie doch einfach selbst ein gutes Bestimmungsbuch (siehe Literaturliste im Anhang auf Seite 192) zur Hand, bewaffnen Sie sich mit einer Lupe und gegebenenfalls einer Taschenlampe und beobachten selbst, welche Raupen die Löcher in die Blätter fressen. Diese schaden den Pflanzen übrigens nicht nennenswert, selbst wenn sie dadurch eine Menge Blätter verlieren. Auch Pflanzen wissen sich zu wehren und produzieren Giftstoffe, die den Raupen nicht bekommen. Sie können sogar durch Aussenden von gasförmigen Stoffen ihre Nachbarn vor dem Raupenfraß warnen.

Neben den für uns attraktiven Gehölzen und Stauden gibt es jede Menge Wildpflanzen, die viele Gärtner nicht gerne im Garten haben. Doch Brenn-Nessel, Zaunwinde *(Calystegia)* und Acker-Winde *(Convulvus arvensis)* sind bei Schmetterlingen heiß begehrt. Auch Brombeeren und Weiden *(Salix)* sind wichtige Raupenfutterpflanzen, die zudem auch noch vielen anderen Tieren als Nahrung dienen. So macht es Sinn, ein Eckchen des Gartens den wild wachsenden »Unkräutern« zu reservieren und nur ihrem großen Ausbreitungsdrang Einhalt zu gebieten.

Tipp *Die »menschenfreundlicheren« dornenlosen Sorten der Brombeere werden von Schmetterlingsraupen ebenso gefressen wie die Wildform. Und scheinbar überflüssiges Unkraut wie Brenn-Nesseln bieten im Garten eine stickstoffreiche Grundlage für eine düngende Jauche für Nutzpflanzen.*

Futterpflanzen für Nachtfalterraupen (Auswahl)

Deutscher Name *Botanischer Name*	**Raupen (Auswahl nachtaktiver Schmetterlinge)**
Weißdorn *Crataegus* in Arten* und Sorten	Kleines Nachtpfauenauge, Weißdorneule, Blaukopf
Gewöhnlicher Natternkopf *Echium vulgare**	viele Arten der Schwärmer
Liguster *Ligustrum lodense* *Ligustrum vulgare** (und Sorten)	Nachtschwalbenschwanz, Fliederspanner, Gefleckter Baumspannerl, Kreuzflügel, Ligusterschwärmer
Türkenbund-Lilie *Lilium martagon**	Taubenschwänzchen und andere Schwärmer
Jelängerjelieber *Lonicera caprifolium**	Windenschwärmer, Ligusterschwärmer, Graugelbe Frühlingseule
Apfel *Malus sylvestris**, *Malus communis* (Sorten)	Abendpfauenauge
Nachtkerze *Oenothera odorata*, *Oenothera biennis**	Mittlerer Weinschwärmer
Phlox, Flammenblume *Phlox* in Arten und Sorten	viele Arten der Schwärmer
Birne *Pyrus communis** (und Sorten)	Abendpfauenauge
Brombeere *Rubus**	Kleines Nachtpfauenauge, Achateule, Roseneule
Seifenkraut *Saponaria officinalis**	Kleiner Weinschwärmer, Mittlerer Weinschwärmer, Großer Weinschwärmer, Kiefernschwärmer
Kuckucks-Lichtnelke *Silene flos-cuculi**	Kleine Nelkeneule, Bacheule, Kapseleule
Taubenkropf-Leimkraut *Silene vulgaris**	Fledermausschwärmer, Oleanderschwärmer
Große Brenn-Nessel *Urtica dioica**	viele Arten der Bärenspinner, Eulenfalter und andere

*heimische Art
nach: H. u. M. Hintermeyer

Tiere beobachten und entdecken

Wenn es am Abend und bei Nacht ruhig geworden ist und die optischen Reize in den Hintergrund treten, nimmt man viele Laute wahr, die man tagsüber leicht überhören kann. So klingt z. B. das Lied der Amsel am Abend besonders laut und wohltönend, bei Tag wurde es vom Zivilisationslärm übertönt. Oder man hört plötzlich die Grillen, die auch tagsüber, von uns meist unbemerkt, zirpen.

Viele Vogelgesänge und andere Tierlaute sind den meisten Menschen unbekannt. So kennt kaum jemand den schönen Gesang der Nachtigall. Und Städter, die aufs Land gezogen sind, gruseln sich oft bei den Rufen eines Waldkauzes. Wer am Rande einer Siedlung wohnt, kann in der Dämmerung und bei Nacht die verschiedensten Rufe der Wildtiere wahrnehmen.

Einige Wildtiere machen Geräusche, die man einem wesentlich größeren Tier zuordnen würde. Andere Rufe und Schreie lassen einem sprichwörtlich die Haare zu Berge stehen, obwohl sie von harmlosen und menschenscheuen Tieren stammen. Besonders in der Paarungszeit im Frühjahr und Herbst gibt es viele Rufe aus dem Wald und vom Waldrand zu hören: So bellen Rehböcke wie heisere Hunde, Marder kreischen wie streitende Katzen und paarungsbereite Kater geben erschreckende Töne von sich, wenn sie sich begegnen. Besonders aufwühlend sind auch die Schmerzensschreie von Rehkitzen (bei Tag und Nacht), wenn sie in Siedlungsnähe von einem streunenden Hund angegriffen werden.

Doch keines der Tiere will uns Menschen erschrecken oder hat Böses im Sinne. Alle sind von Instinkten getrieben, einen Geschlechtspartner zu finden, seine Jungen bzw. das Muttertier zu rufen oder einen Konkurrenten zu vertreiben. Für uns, die wir bei Nacht nichts sehen, sind die Laute zusammen mit sichtbaren Tierspuren eine gute Gelegenheit, unsere Mitgeschöpfe in der Umgebung wahrzunehmen.

Was man kennt, kann einen nicht mehr erschrecken! Wenn man sich nicht auf Mutmaßungen stützen möchte, kann man das Zuordnen der Tierlaute mithilfe von Tierstimmen-CDs (siehe Seite 192) oder Hörproben aus dem Internet lernen. Naturschutzverbände bieten morgendliche Vogelstimmenwanderungen an. Geführte Abend- und Nachtwanderungen sind seltener, aber man kann den örtlichen Naturschutzverband oder einen ökologisch orientierten Förster darum bitten.

Da es nicht nur viel zu hören, sondern auch zu sehen gibt, sind beispielsweise auch Fledermauswanderungen, die vor allem zur jährlichen »Batnight« von den Naturschutzverbänden durchgeführt werden, zu empfehlen. Es gibt im Sommer sogar Glühwürmchen-Veranstaltungen! Werden Sie einfach selbst aktiv und lernen Sie die vielen interessanten Hör- und Seheindrücke der Nacht kennen. Zusammen mit der Familie und Freunden ist eine geführte Nachtwanderung eine schöne Alternative oder Ergänzung zu einem Grillabend.

Was fliegt am Abend und in der Nacht?

Wer im Sommer nach Sonnenuntergang den noch hellen Nachthimmel beobachtet, wird viele Flugkünstler entdecken. Fledermäuse jagen jetzt in der Luft nach Nachtfaltern, die vom Duft nachts blühender Pflanzen angezogen werden. Einige Fledermausarten pflücken nachtaktive Käfer von Blättern und Boden. An warmen Hochsommerabenden fliegen Leuchtkäfer (Glühwürmchen) an Heckenrändern und locken blinkend ihre Weibchen an. Sieht man einen größeren Flieger am Nachthimmel, ist es eine Eule oder ein Kauz. Die nachtaktiven Eulen jagen jetzt nach Fledermäusen, Nagetieren, Bilchen und anderen Säugetieren.

Zum Beobachten nachtaktiver Flugkünstler wählt man am Abend am besten einen Platz, von dem aus man gegen den freien Westhimmel schauen kann. Nach Sonnenuntergang ist er noch lange hell, sodass sich die Tiere gut gegen den Himmel abheben. Bei Mondaufgang kann man auch in Richtung Osten gut sehen. An mondhellen Nächten bietet der Himmel meist überall genügend Kontraste.

Nachtfalter

Viele unserer heimischen Tagfalter lassen sich mühelos nach einer Abbildung bestimmen. Schwieriger sind dagegen die wesentlich artenreicheren, aber meist unscheinbaren Nachtfalter zu benennen. Als Nachtfalter werden alle Vertreter der Großschmetterlinge bezeichnet, die nicht zu den Tagfaltern gehören. Dazu gehören die meisten Kleinschmetterlinge (im Volksmund schlicht »Motten« genannt), die Familien der Spanner, Eulen, Schwärmer und Spinnerartigen.

Nicht alle Nachtfalter sind tatsächlich dämmerungs- oder nachtaktiv, die Widderchen beispielsweise fliegen nur bei Sonnenschein. Die meisten Nachtfalter zeichnen sich durch eine unscheinbare, düstere Färbung aus, durch die sie tagsüber gut getarnt sind, aber es gibt auch farbenfrohe Arten, wie z. B. das Nachtpfauenauge und der Mittlere sowie der Kleine Weinschwärmer. Viele Nachtfalter ahmen mit ihrer Flügelfärbung den Untergrund, zum Beispiel Baumrinden oder trockene Blätter, nach, um tagsüber nicht von Vögeln entdeckt zu werden.

Die **Familie der Eulen** *(Noctuidae)* ist mit fast 600 Arten die größte heimische Schmetterlingsfamilie. Alle Arten besitzen am Brustabschnitt ein besonderes Hörorgan, das Ultraschalllaute registriert. So können die Falter die Orientierungsrufe der Fledermäuse wahrnehmen und ihre Fluchtreaktion, ein abruptes Fallenlassen, einleiten. Manche Eulenarten sind wahre Flugkünstler und können als Wanderfalter Strecken von über 1000 Kilometer pro Jahr bewältigen.

Nicht alle sind ausschließlich nachtaktiv, manche Arten fliegen auch am Nachmittag und Abend. Tagsüber sitzen die meisten Arten mit zusammengefalteten Flügeln auf Bäumen und sind mit ihren tarnfarbigen Flügeldecken kaum zu entdecken. Bei Beunruhigung spreizen manche Arten ihre Vorderflügel, sodass die gefärbten Hinterflügel zum Vorschein kommen. Der Überraschungseffekt erschreckt hungrige Vögel und wird zur Flucht genutzt. Rotes, Blaues und Gelbes Ordensband sind Vertreter einer Gattung, die recht leicht zu bestimmen sind.

Rotes Ordensband ***(Catocala nupta)***
Mit einer Spannweite von 65 bis 75 Millimetern ein recht großer Falter, dessen Hinterflügel auffällig rotschwarz gefärbt sind. Er ist in Europa häufig und von Juni bis Oktober auch in Parks und Gärten anzutreffen. Die nachtaktiven Falter schwärmen gelegentlich auch am Nachmittag und Abend und saugen an überreifen, noch an Zweigen hängenden Früchten. Mit überreifem Obst oder flachen Tellern, gefüllt mit Zucker und Malzbier oder etwas Rotwein, kann man sie gut anlocken. Künstliches Licht lockt sie dagegen nicht. Tagsüber kann man sie an Hauswänden und Baumstämmen ruhend finden. Die ebenfalls gut getarnten bräunlichen Raupen leben an Weiden- und Pappel-Arten, von deren Blättern sie sich ernähren. Deshalb ist die Art eher in feuchteren Gebieten anzutreffen.

Die **Familie der Schwärmer** *(Sphingidae)* ist mit etwa 30 meist nachtaktiven Arten in Europa vertreten und durch ihren stromlinienförmigen Körperbau und die schmalen Flügel gut von anderen Schmetterlingsfamilien zu unterscheiden. Schwärmer haben zudem einen langen Saugrüssel und nehmen den Nektar im Schwirrflug auf. Dabei erinnern die größeren Arten an tropische Kolibris, deren Stellung als Bestäuber sie in Europa einnehmen.

Die Co-Evolution von Blütenform und Rüssellänge der Schwärmer ist ein besonders augenfälliger Beweis für die Richtigkeit der Evolutionslehre. Der lange Rüssel und der Schwirrflug sind die Antworten auf in den Blüten lauernde Spinnen und Insekten, die sich auf das Erbeuten von Blütenbesuchern spezialisiert haben. Da sich die Schwärmer nicht hinsetzen müssen und extrem wendig sind, können sie bei ausreichendem Sicherheitsabstand selbst springenden Jagdspinnen entgehen. Damit die Falter trotzdem Pollen mitnehmen, haben sich die Blüten mit lang gestielten Staubbeuteln und langen Nektarspornen angepasst. Der Preis für den Schwirrflug ist ein hoher Energiebedarf auf Seiten des Falters, der durch viel Nektar gedeckt werden muss. Die Blütenpflanze profitiert durch weite Verbreitung des Pollens, die wegen der großen und weitreichenden Flugaktivität der Falter gegeben ist. Es gibt aber auch Schwärmer-Arten, die verkümmerte Rüssel haben und als erwachsene Tiere keine Nahrung aufnehmen, so z. B. das Nachtpfauenauge.

Ein auffälliger Vertreter der nachtaktiven Schwärmer mit Schwirrflug ist der Ligusterschwärmer, der auch gelegentlich bei einsetzender Dämmerung in Parks und Gärten anzutreffen ist.

Ligusterschwärmer *(Sphinx ligustri)*

Mit einer Spannweite von 90 bis 120 Millimetern und seiner braun-rotschwarzen Zeichnung sowie dem schwarz abgesetzten Brustsegment ist er unverwechselbar. Von seinem natürlichen Lebensraum Auwald mit der Esche als Raupenfutterpflanze ist der Schwärmer seit Jahrzehnten auch in klimatisch günstige Siedlungsbereiche eingewandert und hat sich an Zierpflanzen wie Liguster und Flieder, neuerdings auch an Forsythie und Spiersträucher, als Raupenfutterpflanze angepasst. Besonders auffällig sind seine leuchtend grünen Raupen, die ein charakteristisches weiß-purpurrotes, unterbrochenes Streifenmuster haben. Bei Bedrohung heben sie ihren Vorderkörper an und nehmen die typische »Sphinx-Haltung« ein, die dem Falter seinen zoologischen Namen gab (siehe Abbildung auf Seite 92). Die giftigen Raupen verpuppen sich in einer Erdhöhle, wo sie dann auch überwintern.

Tipp *Außer Nachtfaltern werden zahlreiche andere dämmerungs- und nachtaktive Insekten von kurzwelligem Licht angezogen, so z. B. die Eintagsfliegen, Köcherfliegen und Maikäfer. Ziehen Sie deshalb die Vorhänge zu, wenn in der Wohnung helles weißes bzw. kurzwelliges Licht in Fensternähe leuchtet.*

Nachtschmetterlinge und Licht

Von den etwa 4000 Schmetterlingsarten in Mitteleuropa sind etwa 85 Prozent nachtaktiv. Wie auch andere Insektengruppen sind die meisten von ihnen durch Lebensraumveränderungen, fehlende Futterpflanzen und Pestizide vom Aussterben bedroht. Als Bestäuber von Blütenpflanzen und in den Nahrungsketten haben Nachtfalter bzw. deren Raupen eine wichtige Rolle in der Ökologie. Ihr Verschwinden kann zum Verschwinden anderer Tier-, aber auch Pflanzenarten führen.

Künstliches Licht in den Abend- und Nachtstunden spielt für den massenhaften Insektentod eine ebenso große, meist unterschätzte Rolle. Allein an den Straßenlaternen Deutschlands sollen nach Schätzungen jährlich 150 Billionen (150×10^{12}) nachtaktive Insekten umkommen. Die toten Insekten durch Privatbeleuchtung sowie Autoscheinwerfer kommen noch hinzu.

Doch warum werden die Tiere vom Licht so magisch angezogen? Dies ist noch nicht ausreichend geklärt. Nach der Kompass-Hypothese spielt für die Orientierung der Insekten neben dem Duft auch das Licht von Mond und Sternen eine wichtige Rolle. Sie orientieren sich am Nachthimmel, indem sie einen bestimmten Flugwinkel dazu einschlagen. Dies führt zu einer spiralförmigen Bewegung, wenn sie eine nahe Lichtquelle irrtümlich für den Mond halten. So landen sie auf der Lampe oder sogar in der Leuchte und verbrennen. Aber auch Licht reflektierende Flächen wie Fensterscheiben und nasse Straßen werden zur Todesfalle. Hier werden die Tiere schnell von natürlichen Feinden aufgesammelt, weshalb man die Masse an Leichen am nächsten Tag oftmals nicht wahrnimmt.

Es gibt aber auch weitere Hypothesen zur Ursache der Störung. So wird beispielsweise auch vermutet, dass die Nachtfalter zunächst das Licht ansteuern, dann aber versuchen, dem Licht wieder zu entkommen und in die Dunkelheit zu fliehen. Für Falteraugen ist es in der unmittelbaren Umgebung der künstlichen Lichtquelle jedoch, relativ gesehen, am dunkelsten. Dies könnte auch ein Grund sein, die Laternen zu umkreisen.

Käfer

Käfer *(Coleoptera)* sind mit weltweit etwa 400.000 bekannten Arten die größte Insektenordnung. Ihr Erfolgsrezept, eine sehr feste äußere Hülle sowie starke, die Hautflügel schützende Flügeldecken, haben sie in allen Lebensräumen (außer dem offenen Meer) erfolgreich werden lassen. Vielseitige körperliche Anpassungen wie z. B. die Schreckschussorgane der Bombardierkäfer, der Bohrrüssel des Haselnussbohrers oder die Laternen der Leuchtkäfer faszinieren ebenso wie die vielseitigen tag- und nachtaktiven Lebensweisen. Weniger bekannt ist die Fürsorge, die viele Käferarten ihrem Nachwuchs angedeihen lassen.

Zu den nachtaktiven Käfern gehören viele Laufkäferarten, die sich vorwiegend von anderen Tieren, wie Würmern und Schnecken, ernähren. Andere fallen uns im Dunkeln erst auf, wenn sie von der Beleuchtung magisch angezogen werden und gegen Lampen und Fensterscheiben fliegen.

Kleiner Leuchtkäfer *(Lamprohiza splendidula)*

Von jeher hat das Leuchten der Glühwürmchen die Menschen in Sommernächten fasziniert. Das Phänomen hat nichts von seiner Romantik verloren, auch wenn der Mechanismus des rhythmischen Leuchtens entschlüsselt wurde. Dabei handelt es sich um eine chemische Reaktion der Stoffe Luciferin und Luciferase, die beide im Körper der Leuchtkäfer gebildet und für die »Biolumineszenz« genannte Reaktion zusammengebracht werden. Die Männchen haben nur kleine Leuchtorgane an der Hinterleibsspitze, die Weibchen auch an den Seiten. Die am Boden sitzenden, flugunfähigen Weibchen locken die emsig herumfliegenden Männchen an. Auch die kurz nach der Paarung abgelegten Eier leuchten schwach. Die daraus schlüpfenden asselförmigen Larven ernähren sich von Schnecken aller Gattungen und Arten. Die fertigen Käfer nehmen keine Nahrung mehr auf, sondern widmen sich einzig der Paarung bzw. Eiablage.

Die Bezeichnung »Glühwürmchen« bezieht sich einerseits auf die Fähigkeit der Käfer zu leuchten, andererseits auf das wurmähnliche Aussehen der weiblichen Tiere.

Käfer und Licht

Andere Käfer können nicht leuchten, werden aber von künstlichem Licht kurzer Wellenlänge magisch angezogen. Sie fliegen dann gegen Fensterscheiben und Gartenleuchten. An Straßenlaternen mit konventionellen Leuchtmitteln sieht man oft Schwärme unterschiedlicher Insekten, die hier von Fledermäusen »geerntet« werden. Auch Haufen toter Käfer wurden schon morgens unter Laternen gefunden, so z. B. auch der sehr selten gewordene Hirschkäfer. Die meisten kleineren Arten fallen uns jedoch nicht auf, weil sie, erschöpft oder tot am Boden liegend, bereits in der Nacht von anderen Tieren gefressen werden. Die Verwendung von orangefarbigen Natriumdampflampen in vielen Gemeinden hat das Problem wesentlich entschärft.

Beim **Großen Leuchtkäfer** *(Lampyris noctiluca)* leuchtet nur das ziemlich dunkel gefärbte, relativ große und ungeflügelte Weibchen. Seine Leuchtorgane beschränken sich auf die Unterseite der letzten Hinterleibsegmente. Die flugfähigen Männchen sind viel kleiner.

Kleiner und Großer Leuchtkäfer kommen in etwas feuchten Wäldern und Gebüschen vor, in Süddeutschland recht häufig, im Norden seltener. Bei Tag sieht man die nur 8 bis 10 Millimeter bzw. 15 bis 20 Millimeter großen Tiere nicht.

Beide Arten lassen sich von künstlichen Lichtquellen nicht ablenken, da sie ausschließlich auf die Wellenlängen ihrer eigenen Leuchtquellen fixiert sind. Zumindest fliegen sie nicht gegen Lampen und Fensterscheiben. Künstliches Licht scheint jedoch negativen Einfluss auf das Paarungsverhalten zu haben. Männliche Leuchtkäfer meiden Plätze mit Licht und auch die Larven sind bei Licht weniger aktiv als im Dunkeln.

Beim Kleinen und Großen Leuchtkäfer sind nur die weiblichen Vertreter flugunfähig, beim ebenfalls hierzulande heimischen **Kurzflügel-Leuchtkäfer** *(Phosphaenus hemipterus)* auch die Männchen. Da männliche Große Leuchtkäfer keine funktionsfähigen Leuchtorgane haben, sind fliegende Glühwürmchen hierzulande immer Männchen des Kleinen Leuchtkäfers.

Glühwürmchen findet man besonders häufig in naturnahen Gärten mit unterschiedlichen Lebensbedingungen am Boden, mit spät gemähten Wiesenstreifen, Hecken und Anbindung an eine naturnahe Umgebung. Die Larven brauchen in den unterschiedlichen Entwicklungsstadien verschiedene Bedingungen, die aber keineswegs erforscht ist. Breite Straßen stellen für die flugunfähigen Weibchen und Larven ein unüberwindbares Hindernis dar, sodass die Verbreitung lokal sehr begrenzt sein kann. Schneckengift entzieht ihnen die Nahrungsgrundlage und sollte in jeder Form tabu sein.

Junikäfer oder Gerippter Brachkäfer *(Amphimallon solstitialis)*
Dieser goldbraune, etwa 14 bis 18 Millimeter lange Käfer fliegt in der Abenddämmerung, oft in dichten Schwärmen. Seine Larven (Engerlinge) sehen denen des Maikäfers sehr ähnlich, sind aber etwas kleiner. Sie entwickeln sich im Boden und fressen an Pflanzenwurzeln. Die Käfer ernähren sich von Laub- und Blütenblättern. Die Tiere werden von üblichen Lichtquellen magisch angezogen und knallen dabei auch gegen Fensterscheiben.

Feldmaikäfer *(Melolontha melolontha)*
Der Schwärmflug der Maikäfer nach Sonnenuntergang bis zum Einbruch der Nacht findet an wenigen Abenden statt und wird vom Mond gesteuert. Die ersten Maikäfer erscheinen bei Neumond im April, sobald das Wetter milder wird. In typischen »Maikäferjahren«, die alle drei bis vier Jahre, abhängig vom Lebenszyklus der Larven, stattfinden, kann man dann um die Zeit des Vollmonds herum große Mengen Maikäfer von den Wiesen und Feldern in Richtung Waldrand fliegen sehen. Fast senkrecht in der Luft stehend, fliegen die schweren Käfer mit sonorem Brummen als Auftakt zur anschließenden Paarung hin und her. Bald stellen sich die ersten Fledermäuse ein und auch der Steinkauz verschmäht die großen Käfer nicht. Da sich die Käfer am Mondlicht orientieren, werden sie von Lampen mit kurzwelligen

Gewöhnlicher Ohrwurm *(Forficula auricularia)*

Dieses nachtaktive Insekt gehört zur Ordnung der Ohrwürmer, die näher mit den Schaben als den Käfern verwandt ist. Die länglichen Tiere verbergen ihre kunstvoll gefalteten, aber selten zum Fliegen genutzten Hinterflügel unter kleinen schuppenförmigen Vorderflügeln. Sie vertilgen neben großen Mengen an Blattläusen auch Pflanzenteile, wenn diese bereits angefault sind. Tagsüber verstecken sich die nachtaktiven Tiere in dunklen Spalten. Die Weibchen legen ihre Eier in Erdhöhlen ab, wo sie von ihnen gesäubert und bewacht werden, bis die Larven schlüpfen. Gartenbesitzer, die Ohrwürmer schätzen, hängen mit Holzwolle oder Stroh gefüllte Glocken aus Tontöpfen als Tagesschlafplätze an die Obstbäume, die von Blattläusen befreit werden sollen. Allerdings müssen die Behausungen den Stamm berühren, damit die Tiere hineinklettern können, und dürfen nicht, wie oft zu sehen, frei schweben! Ein Stückchen Mäusedraht oder ein Zwiebelnetz verhindern, dass Holzwolle oder Stroh mitsamt ihren Tagschläfern aus der Glocke fallen.

Lichtanteilen magisch angezogen und umschwirren sie so lange, bis sie erschöpft zu Boden fallen und sterben.

Laufkäfer *(Carabidae)*

Die Arten dieser großen, vorwiegend dämmerungs- und nachtaktiven Käferfamilie fliegen nicht, sondern leben vorwiegend räuberisch am Boden. Sie erbeuten andere Insekten, deren Larven, Würmer, Spinnen und Schnecken. Bei Gärtnern sind manche Arten sehr beliebt, da sie viele Pflanzen fressende Schadinsekten und auch Nacktschnecken vertilgen. Laufkäfer sind eine beliebte Beute bei nachtaktiven Säugetieren wie Fledermäusen, Spitzmäusen und Igeln.

Im Garten findet man die Laufkäfer nur, wenn er naturnah gestaltet ist, mit viel Laubstreu, Totholz und anderen Tagverstecken, von denen nachts und im Winter auch viele tagaktive Käfer profitieren, wie z. B. der Marienkäfer.

Fledermäuse

Fledermäuse *(Microchiroptera)* lassen sich nach Einbruch der Dämmerung und bei Nacht wunderbar beobachten. Überall, wo Insekten sind, schwirren die Hochleistungsflieger herum, so z. B. auch um Straßenlaternen, die viele Insekten magisch anziehen. Andere Arten fliegen an Waldrändern entlang, über den Waldboden oder jagen über Gewässern. In manchen Städten und vielen ländlichen Siedlungen Mitteleuropas kann man die Kleine Bartfledermaus, die Zwergfledermaus, das Große Mausohr, den Großen Abendsegler, die Breitflügelfledermaus, das Graue und das Braune Langohr erwarten. Doch eine genaue Bestimmung der Art kann nur der Fachmann unter Zuhilfenahme eines Ultraschalldetektors machen. Dieses kleine Gerät wandelt die für uns unhörbaren Ultraschallrufe in niederfrequentere, hörbare Laute um. An Frequenz und Rhythmus lassen sich die Arten dann genau unterscheiden.

Die in der Tabelle auf Seite 113 genannten Arten haben sich an Siedlungsräume angepasst und nutzen Gebäude als Sommerquartiere, Wochenstuben und Überwinterungsplätze. Doch nur da, wo sich die Tiere am Tag verstecken und im Sommer ungestört ihre Jungen aufziehen können, werden die Insektenfresser auch heimisch. Im Winter benötigen sie kühle, frostfreie und ungestörte Schlafquartiere, die ihren unterschiedlichen Bedürfnissen angepasst sind. Das können, je nach Art, Baumhöhlen oder verlassene Stollen, in Siedlungen auch Spalten hinter vorgehängten Fassaden, ungenutzte Dachböden oder Keller sein. Manche Arten fliegen im Herbst nach Süden und überwintern in Höhlen.

Fledermäuse vertilgen pro Nacht viele Hundert Insekten. Eigentlich müssten sie ebenso beliebt wie der Igel sein, doch die vielen Gruselgeschichten über die harmlosen Tiere sind scheinbar kaum auszurotten. Weitaus mehr als Vorurteile schadet ihnen aber die konventionelle Landwirtschaft mit ihren ausgeräumten Landschaften und dem Einsatz von Pestiziden, insbesondere Insektiziden. Fressen die Fledermäuse vergiftete Insekten, reichert sich das Gift schnell in ihren Körpern und der Muttermilch an. Aber auch Totfunde von Fledermäusen einige Stunden nach dem Versprühen von Insektiziden kommen immer wieder vor.

Das Braune Langohr (Plecotus auritus) *schlüpft erst zur späten Dämmerung aus seinem Tagversteck.*

Das Fehlen von Spalten und Höhlen ist ein weiteres großes Problem. Im Wald und auf den Wiesen fehlen die alten Bäume, in Siedlungen die unbeheizten Dachböden und Keller. Zudem werden besonders im Zuge der Wärmedämmung alle Spalten und Löcher an Häusern zugestopft. Ein paar aufgehängte Fledermauskästen können das nicht wettmachen, zumal sich dort nur bestimmte Arten einfinden.

Wer also am Abend Fledermäuse beobachten möchte, sollte sich beraten lassen, wo und wie er Sommer- und Winterquartiere am eigenen Haus oder einem Nebengebäude schaffen kann. Dazu gehört auch der Verzicht auf biozid- und lösungsmittelhaltige Anstriche. Auch vor einer Beratung der Nachbarn sollte man sich nicht scheuen und sich dazu professionelle Hilfe holen (z. B. beim NABU mit der Initiative »Fledermausfreundliches Haus«). Für Nahrung sorgt eine naturnahe Gartengestaltung mit heimischen Blütenpflanzen, die reichlich Insekten, besonders Nachtfalter, anzieht (siehe Seite 86). Selbstverständlich muss man auch auf jegliches Gift im Garten verzichten.

Wochenstube im Rollladenkasten

Am Giebel unseres Hauses kann ich im Sommer jeden Abend das Ausfliegen einiger Zwergfledermäuse beobachten. Schon kurz vor Sonnenuntergang hört man das Kratzen ihrer Krallen, wenn sie sich hinter der Holzverkleidung in Richtung Ausgang bewegen. Kaum ist die Sonne untergegangen, fliegen sie aus einer schmalen Spalte heraus und jagen die Insekten in Garten und Umgebung. Ihre Wochenstube richten sie gerne hinter dem Rollladen auf der gleichen, nach Südwesten zeigenden Giebelseite ein. Man erkennt das sofort am staubtrockenen, schwarz glänzenden Kot auf dem Fensterbrett. Der Rollladen wird dann von uns nicht mehr bewegt. Im August konnte ich schon des Nachts stundenlang beobachten, wie die Mütter ihre Jungen durch ständiges Anfliegen der Fassade und laute (teilweise hörbare) Rufe zum Ausfliegen bewegten. Wo »unsere« Zwergfledermäuse den Winter verbringen, wissen wir nicht.

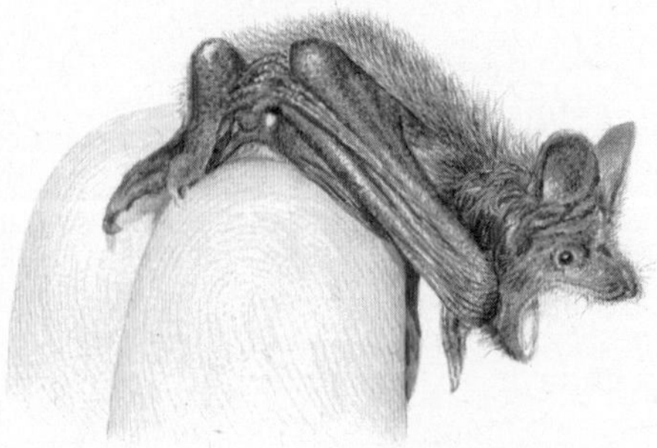

Die Zwergfledermaus erscheint winzig, hat aber eine Flügelspannweite von etwa 20 Zentimetern.

Zwergfledermaus *(Pipistrellus pipistrellus)*
Die Zwergfledermaus ist unsere kleinste und relativ weitverbreitete heimische Art, die nur so groß wie eine Streichholzschachtel ist. Bereits nach Sonnenuntergang fliegt sie los, um in einer Nacht viele Tausende Insekten zu fangen. Sie ist recht neugierig und fliegt auch nah an Menschen heran, verfängt sich aber nicht in den Haaren, wie der Volksmund behauptet. Dafür kann es schon mal vorkommen, dass sie, von der Jagd müde geworden, zum offenen Fenster hereinfliegt und sich in einer Vorhangfalte ausruht. Gekippte Fenster sind deshalb für sie besonders gefährlich, da sie den Weg nach draußen nicht mehr findet.

Ihr ursprünglicher Lebensraum liegt in Mitteleuropa an Waldrändern, Ufern von Gewässern und Felshängen. Ersatzlebensräume hat sie an Siedlungsrändern und landwirtschaftlichen Nutzflächen gefunden. An ihrem Zickzackflug über Teichen, entlang von Hecken, über Baumkronen und rund um Laternen ist sie relativ gut zu entdecken. Mit dem Ultraschalldetektor sind ihre Laute als Ultraschallfrequenzen von etwa 45 kHz (klingen im Detektor wie auf den Boden fallende Perlen) zu erkennen. Im Tagesversteck können auch kurze hohe Piepstöne, wie von einem kleinen Vogel, direkt wahrgenommen werden.

Schlafquartiere und Wochenstuben finden die Zwergfledermäuse bei Tag in Höhlen und Spalten von Bäumen und an Gebäuden oder in Fledermauskästen. Als Winterquartiere bevorzugen sie Spalten, unbeheizte, ruhige Keller oder Dachböden.

Tipp *Fledermäuse haben in den letzten Jahren ihr Image vom unheimlichen und »blutsaugenden Vampir« erheblich gewandelt, nicht zuletzt dank der unermüdlichen Aufklärung von Naturschutzverbänden. So wissen inzwischen Kinder mehr über die interessanten Tiere als ihre Großeltern und betrachten sie interessiert und vorurteilsfrei. In der jährlich am letzten Augustwochenende stattfindenden Europäischen Fledermausnacht oder »Batnight« kann man inzwischen in fast jeder Region an Informationsveranstaltungen zu den Flugkünstlern teilnehmen (Adresse für weitere Informationen siehe Seite 193).*

Künstliche Fledermausquartiere

Fledermauskästen unterscheidet man nach Bauweisen, die sich als Sommer- oder als Winterquartiere eignen.

Großraumhöhlen aus **Holzbeton** können beides bieten und das ganze Jahr von unterschiedlichen Arten genutzt werden. Man hängt sie zwischen 3 und 6 Meter hoch in Gruppen an besonnte Waldränder oder große Einzelbäume in parkähnlichem Gelände. Das Einflugloch muss immer frei anzufliegen sein.

Fledermausflachkästen aus **Holz** oder **Holzbeton** werden von spaltenbewohnenden Arten meist nur im Sommer bezogen. Die Anbringung kann an hohen, nach Süden ausgerichteten Fassaden, Pfosten oder Bäumen im Garten erfolgen.

Fassadenquartiere bestehen aus Betonstein und werden in die Fassade oder eine hohe Mauer eingebaut. Hier gibt es ebenfalls unterschiedliche Formen und Größen. (Bezugsadressen siehe Seite 196.)

In Siedlungen am häufigsten anzutreffende Fledermausarten

Name *Zoologischer Name*	**Jagdgebiete (Beutetiere)**	**Spannweite (Gewicht)**	**Sommer-quartiere**	**Winter-quartiere**
Breitflügelfledermaus *Eptesicus serotinus*	Siedlungen, dicht am Boden und an Laternen	31,5 – 38 cm (15 – 33 g)	in Gebäuden, in Hausverkleidungen und Spalten, Fledermausflachkästen	Höhlen, Keller, sehr ortstreu
Großes Mausohr *Myotis myotis*	warme Täler, Weideland, Parks, Gärten	35 – 43 cm (28 – 40 g)	Dachböden, Scheunen, Kirchtürme	Höhlen, Stollen, bis 100 km weit entfernt
Kleine Bartfledermaus *Myotis mystacinus*	Parks, Gärten, Wiesen	19 – 22,5 cm (4 – 8 g)	Spalten in und an Gebäuden	Höhlen, Stollen, Keller
Großer Abendsegler *Nyctalus noctula*	Wald, Parks, Feldgehölze, Siedlungsrand	32 – 40 cm (19 – 40 g)	Baumhöhlen, Fledermausflachkästen und Großraumhöhlen	Baumhöhlen, Großraumhöhlen, Felsspalten
Zwergfledermaus *Pipistrellus pipistrellus*	Dörfer, Städte, Gärten, Parks	18 – 24 cm (3,5 – 8 g)	in Spalten, hinter Hausverkleidungen, Rollladenkästen, Fledermausflachkästen	Fels- und Mauerspalten, Hausverkleidungen
Braunes Langohr *Plecotus auritus*	Waldgebiete, Buschland, Parks, Gärten	24 – 28,5 cm (4,6 – 11,3 g)	Baumhöhlen, Großraumhöhlen, Nistkästen	Höhlen, Stollen, Keller
Graues Langohr *Plecotus austriacus*	wärmere Kulturlandschaften, Siedlungen	25,5 – 29 cm (5 – 13 g)	Spalten an Gebäuden, Dachböden, Flachkästen und Höhlen	Höhlen, Stollen, Keller

Fledermausfreundliche Gartenbesitzer

- ▹ nutzen alle geeigneten Teile von Wohn- und Nebengebäuden, um Ersatzquartiere zu schaffen,
- ▹ lassen sich bei Verdacht auf ein Fledermausvorkommen von Experten beraten (Adressen siehe Seite 193),
- ▹ nehmen bei anstehenden Bauarbeiten Rücksicht auf Fledermäuse oder verzichten bei anwesenden Fledermäusen auf die Baumaßnahme (auch professionelle Umsiedlungen gelingen selten!),
- ▹ verzichten auf Holzschutzmittel an potentiellen Fledermausquartieren,
- ▹ hängen spezielle Kästen und künstliche Höhlen an geeignete Stellen am Haus und an hohen Bäumen auf,
- ▹ verzichten auf den Einsatz von Insektiziden in Garten und Haus,
- ▹ bieten vielen Insekten wie Nachtschmetterlingen und Laufkäfern reichlich Nahrung,
- ▹ lassen alte und morsche Bäume stehen,
- ▹ prüfen zu fällende Bäume vorher auf das Vorhandensein von Fledermäusen,
- ▹ schaffen Überwinterungsquartiere wie Trockenmauern mit tiefen, ins Erdreich laufenden Fugen, unberührte Holzstapel und andere frostfreie Spalten,
- ▹ schaffen in Naturkellern, alten Stollen und ähnlichen Gebäuden Einflugmöglichkeiten für Fledermäuse,
- ▹ verhindern Störungen der Tiere an Tag- und Überwinterungsquartieren sowie Wochenstuben,
- ▹ beobachten die fliegenden Tiere, ohne sie zu irritieren (kein Anleuchten mit Taschenlampe!),
- ▹ schützen alle Quartiere vor Mardern, Katzen und Eulen,
- ▹ informieren sich in Büchern und bei Experten und klären auch Nachbarn und Handwerker auf,
- ▹ nehmen Expertenrat in Anspruch, wenn sie eine verletzte Fledermaus finden.

Eulen und Käuze

Wer am Abend und in der Nacht einen mittelgroßen Vogel fliegen sieht, denkt erst einmal an eine Eule bzw. einen Kauz (beide Gruppen gehören zu der Ordnung der Eulen *(Strigiformes)*, die Unterscheidung ist daher willkürlich). In unseren Breiten sind Eulen die einzigen Nachtjäger, doch nicht alle Eulen jagen nachts. So geht z. B. der Steinkauz auch tagsüber auf Beutezug, denn Singvögel gehören in sein Beutespektrum. Nachts muss er sich dagegen vor dem viel größeren Waldkauz vorsehen, der ihn auf seinem Speiseplan hat.

In Siedlungsnähe mit naturnaher Umgebung kann man nachts den großen, recht auffälligen Waldkauz erwarten, der nach Mäusen sucht. Auch die Schleiereule ist ein Kulturfolger und nistet gerne in ländlichen Gebäuden, wo man sie mit speziellen Nistkästen gezielt anlocken kann. Doch Achtung, sie konkurriert dort, ebenso wie der Waldkauz, mit Fledermäusen, die sie gerne beim Ein- und Ausfliegen vor dem Dachstuhl fängt. Alle anderen Eulen-Arten haben sehr spezifische Biotopansprüche und sind rar geworden. In unseren Gärten werden wir sie daher nur selten antreffen.

Waldkauz (*Strix aluco*)

Dieser große Nachtvogel meidet sogar die Dämmerung und wird erst bei Dunkelheit aktiv. Seine Rufe *(Küwick – Kui – Hui – Huuuuh)* haben die Fantasie unserer Vorfahren beflügelt und ihn zusammen mit reichlich Aberglauben zum »Totenvogel« gemacht, der in Verbindung mit dunklen Mächten steht.

Wo ursprüngliche Wälder mit Baumhöhlen fehlen, hat sich der Vogel an Siedlungsnähe gewöhnt, zumal hier der Tisch mit Mäusen und kleinen Vögeln reich gedeckt ist. Aber auch Fledermäuse werden von ihm verfolgt und erbeutet.

Gebäudenischen und Ställe dienen ihm als Ersatznistplätze, die man recht einfach mithilfe spezieller Nistkästen erweitern kann (Bezugsadressen siehe Seite 196). Der Vogel dankt es mit Bruterfolg und hält die Mäuse in Schach. Man kann ihn nachts relativ einfach mit dem Nachahmen von Fiep-Lauten von Mäusen oder Klagerufen von Vögeln anlocken. Wer seine Umgebung gut beobachtet, wird aber bald den bevorzugten Ansitzplatz des Vogels entdecken und ihn an seinem charakteristischen dicken Kopf entdecken.

Ein Waldkauz, der über einen hinwegstreicht, macht keinen Laut und kann einen mit seiner Spannweite von fast einem Meter durchaus erschrecken. Besonders erschreckend ist jedoch der Ruf der Elternvögel im späteren Herbst, mit dem sie einige Abende hintereinander ihre erwachsen gewordenen Jungen vertreiben. Da können sich selbst bei einem eingefleischten »Nachtschwärmer« die Nackenhaare aufstellen.

STECKBRIEF: Waldkauz *(Strix aluco)*

URSPRÜNGLICHER LEBENSRAUM:	Wald mit offenen Tälern
ERSATZLEBENSRAUM:	Parks und Friedhöfe mit altem Baumbestand, Gärten
SCHLAFQUARTIER BEI TAG:	auf Bäumen in Stammnähe
BRUTPLATZ:	Baumhöhlen, Nischen in Dachstühlen, spezielle Nistkästen
NISTMATERIAL:	eigenes Gewölle
NAHRUNGSSPEKTRUM:	Mäuse, Fledermäuse, Vögel
ERKENNUNGSMERKMAL:	Gewölle mit hohem Anteil an Vogelknochen und Federresten

Tipp *Der selten gewordene und deutlich kleinere Steinkauz* (Athene noctua) *kommt nur in Gegenden mit altem Streuobstbestand und offener Landschaft vor. Sein Ruf »Kiwitt« ist heller als der des Waldkauzes, es fehlt auch das »Huuuuh«. Der Steinkauz ist auch am Tag und in der Dämmerung aktiv. Bei Nacht muss er sich vorsehen, denn er wird vom Waldkauz verfolgt und gefressen.*

Schleiereule *(Tyto alba)*

Diese Nachtjäger nisteten früher in Felshöhlen und Klüften, haben sich aber seit vielen Jahrhunderten an menschliche Siedlungen angepasst. Hier nisten sie in Kirchtürmen und auf Dachböden und revanchierten sich bei den Menschen als perfekte Mäusejäger. Aus Gedankenlosigkeit, um Tauben auszusperren oder weil der Dachraum gedämmt bzw. als Wohnraum genutzt wird, sind Nisträume für Schleiereulen knapp geworden. Doch Dachstuhlbesitzer können spezielle Eulenkästen hinter geeigneten Einfluglöchern befestigen und so verhindern, dass der gesamte Dachraum als Nistplatz genutzt und verschmutzt wird. Tönt dann eines Tages ein seltsames Schnarchen aus dem Kasten, ist er von einem balzenden Eulenpaar angenommen worden. Bettelnde Junge »schnurren«.

Der Warnruf der Schleiereule ist ein schriller heftiger Schrei, der einen durchaus erschrecken kann, da er so unvermittelt ertönt. Ansonsten sind Schleiereulen lautlose Jäger, die sich noch nicht einmal durch ein Geräusch der Flügel verraten. So können sie von Mäusen nicht gehört werden, sind aber selbst in der Lage, die hohen Frequenzen (bis 10.000 Hertz) der quiekenden und raschelnden Mäuse zu hören. Als Hörtrichter dient der Eule die herzförmige Gesichtsmaske aus Federn, die kleinste Geräusche auffängt und zu den Ohren lenkt. So kann die Eule selbst im Stockfinstern Mäuse orten und fangen, denn bei totaler Dunkelheit sieht sie trotz ihrer großen Augen nichts.

Schleiereulen leben fast ausschließlich von Mäusen, gelegentlich auch Spitzmäusen. So können sie in guten Mäusejahren, ohne dicke Schneedecke im Winter, selbst in ausgeräumter Landschaft überleben, wenn man ihnen Nistplätze zur Verfügung stellt.

STECKBRIEF: Schleiereule *(Tyto alba)*

URSPRÜNGLICHER LEBENSRAUM:	felsige Schluchten
ERSATZLEBENSRAUM:	Häuserschluchten, Siedlungen
BRUTPLATZ:	auf dem nackten Boden
NISTMATERIAL:	keines
FLUGBAHNEN:	im Schutz der Dunkelheit
SCHLAFQUARTIER BEI TAG:	hoch gelegene Dachstühle in Scheunen, Kirchtürmen
NAHRUNGSSPEKTRUM:	hauptsächlich Feldmäuse
ERKENNUNGSMERKMAL:	Gewölle mit 90 % Mäuseknochen und Fell

Waldohreule *(Asio otus)*

Hört man nachts ein dumpfes, im langsamen Atemrhythmus ausgestoßenes »*Ooh*«, handelt es sich um den Ruf der männlichen Waldohreule *(Asio otus)*. Das Weibchen antwortet mit einem lässigen nasalen »*Pääh*«. Die Warnrufe beider Geschlechter klingen wie »*Kwäck-Kwäck*«, die Bettelrufe der Jungen sind die klagenden und weit hörbaren Fieps-Laute »*Pill-ä*«, auf die meist ein Altvogel antwortet.

Waldohreulen bilden tagsüber oft Schlafgemeinschaften in hohen Nadelbäumen in Siedlungen und an Waldrändern. Man erkennt die Schlafbäume am weißen Kot am Stamm und dem ausgewürgten Gewölle am Boden. Die Tiere mit den charakteristischen »Federohren« sitzen auf waagerechten Ästen weit oben, an den Stamm geschmiegt, und verschmelzen optisch mit der Borke.

Uhu *(Bubo bubo)*

Diese größte europäische Eule (Spannweite bis 190 Zentimeter) ist noch immer stark gefährdet, breitet sich aber aufgrund konsequenter Schutzmaßnahmen (z. B. an Stromleitungen sowie Verzicht auf Klettersport zur Brutzeit) wieder mehr in Mitteleuropa aus. Uhus brauchen reich gegliederte Landschaften mit bewaldeten und offenen Flächen, die ganzjährig Nahrung, vorwiegend Mäuse, bieten. Als Nistplätze nutzen sie Steilhänge, Felsen und aufgelassene Steinbrüche, im Tiefland auch Greifvogel- und Reiherhorste, Baumhöhlen und sogar den Boden. Sie sind sehr störungsempfindlich und selten zu sehen. Ihren namensgebenden Ruf kann man vor allem im Vorfrühling und im Herbst am Abend und bei Nacht hören.

Wer singt am Abend und in der Nacht?

Die meisten Menschen sehnen sich am Feierabend nach Ruhe. Doch totale Stille kann sehr irritierend sein, da sie in der Natur eigentlich nicht vorkommt. Sanfte Geräusche wie das Rauschen des Windes in den Blättern, das Plätschern von Wasser, das Summen von Bienen und der Gesang von Vögeln sind sehr erholsam und können sogar störende Geräusche in den Hintergrund drängen. Wer sich entspannt im Garten zurücklehnt und die Augen schließt, wird die »Musik der Natur« viel intensiver wahrnehmen und sich daran erfreuen. Der abendliche Gesang der Amsel und der Singdrossel im Frühjahr zeigt uns, dass der Sommer naht, und das Gezirpe der Grillen lässt schöne Urlaubserinnerungen wach werden.

Singvögel

Wenn auch unsere Singvögel gewöhnlich nicht im Dunkeln fliegen, sollen sie dennoch hier erwähnt werden. Denn in der Brutzeit verwöhnen uns viele am Abend mit ihrem schönen Gesang.

Etwa 60 Prozent aller Vogelarten der Erde gehören zur großen Ordnung der Singvögel *(Passeriformes)*, auch Sperlingsvögel genannt. 24 der Arten brüten in Europa und viele von ihnen bringen (auch für unser Ohr) wohlklingende und für ihre Körpergröße erstaunlich laute Gesänge hervor. Die meisten singen nur zur Brutzeit am frühen Morgen und späten Nachmittag, doch einige Arten erfreuen uns auch abends und sogar nachts mit ihrem Gesang. Die Männchen der Amsel und anderer Drosselarten sitzen zu Beginn der Brutzeit abends

noch lange auf hohen Bäumen oder Dachfirsten und schmettern ihr Lied, um ihre Reviergrenzen zu markieren und Weibchen anzulocken. Dabei riskieren sie, von Eulen erbeutet zu werden. Andere, wie die Nachtigall, verstecken sich lieber im dichten Gebüsch und fliegen nicht mehr umher, denn sonst würden sie schnell zur Beute von Eulen.

Da unsere Abendsänger alle ihre Nester selbst bauen, sind sie auf dichtes Gebüsch angewiesen. Dornige Hecken und hohe Bäume, die es Nesträubern erschweren, an die Eier und Jungvögel heranzukommen, sind ideale Brutplätze. Amseln brüten als Kulturfolger auch gerne in dichtem Fassadengrün von Häusern und sind dabei wenig menschenscheu. Andere Drosselarten und die Nachtigall brauchen naturnahes Gelände, Wald oder größere, zusammenhängende Gebüsche. Der Bruterfolg hängt stark vom Nahrungsangebot ab. Die Jungen werden ausschließlich mit Insekten, Kerbtieren und Würmern gefüttert. Eine abwechslungsreiche Kulturlandschaft ohne Insektizide ist daher die Voraussetzung für das Überleben der Arten.

Tipp *Waren geführte Vogelstimmenwanderungen bis vor Kurzem nur Frühaufstehern vorbehalten, bieten Naturschutzverbände zunehmend auch abendliche Führungen an. Das kommt nicht nur »Langschläfern« entgegen. Die überschaubare Zahl der Abendsänger erleichtert dem Laien auch das Kennenlernen und Merken der Gesänge und Vogelnamen. Weiß man einmal, wer da singt, wird man dem Gesang am nächsten Abend noch aufmerksamer lauschen und ihn dankbarer genießen.*

Nachtigall *(Luscinia megarhynchos)*

Besonders berühmt ist die Nachtigall, die neben ihrer Schwesternart, dem weiter östlich in Europa vorkommenden **Sprosser** (*Luscinia luscinia)*, auch tief in der Nacht singt. Beider Gesang ist sehr abwechslungsreich, flötend bis schluchzend und weithin hörbar. In feuchten Dickichten, Wäldern und Parks sind beide zuhause, aber wegen ihrer scheuen Lebensweise und ihres unauffälligen Federkleides kaum zu sehen. Wer das schmachtende Crescendo, die sanften Pfeiftöne und die wohltönenden Schläge der Nachtigall einmal gehört hat, wird dieses Erlebnis nicht mehr vergessen. In Siedlungsnähe verirren sich manchmal junge Männchen auf der Reviersuche. Dort singen sie oft nur einige Nächte und ihre Strophen sind noch nicht so lang und kompliziert wie die ihrer Väter. Als Brutreviere bevorzugen sie aber große, ungestörte Gebiete, in Mitteleuropa feuchte Dickichte, in Südeuropa auch trockene, verbuschte Gelände.

Neben diesen beiden Nachtsängern sind bereits in der Dämmerung andere wohltönende Gesänge zu hören, allen voran die der Drosseln der Gattung *Turdus.* Von deren sieben europäischen Arten singen jedoch nur drei in unseren Parks und Gärten.

Amsel/Schwarzdrossel *(Turdus merula)*

Sie ist in Gärten besonders häufig anzutreffen und gut bekannt, da die schwarz gefärbten Männchen zur Brutzeit besonders abends laut schmettern. Ihr schöner, manchmal etwas melancholisch klingender Gesang besteht aus klaren Flötentönen, abwechseln hohen und tiefen, ineinanderübergehenden Lauten. Die Strophen enden oft mit einem Zwitschern und werden von jedem Männchen etwas anders gesungen. Ältere Männchen erkennt man oft an der Vielzahl und Variabilität der gesungenen Strophen.

Mit den Augen erkennt man die Männchen gut an ihrem schwarzen Federkleid und dem gelben Schnabel. Auf einem hohen Baum oder Dach sitzend, markieren sie engagiert ihren Revieranspruch. Zwischen den Strophen lauschen sie ihren Nebenbuhlern in einiger Entfernung. Wer selbst gut zuhört, kann manchmal zwei bis drei weitere Amselmännchen singen hören. Die Weibchen sind unscheinbar bräunlich gefärbt und singen nicht.

So schön der Gesang der Amsel auch ist, viele Gartenbesitzer hegen zwiespältige Gefühle gegenüber diesem Kulturfolger, der ursprünglich im Wald zuhause ist. Amseln verzehren große Mengen der nützlichen Regenwürmer, um ihre zahlreichen Jungen satt zu bekommen. Aber sie verzehren auch jede Menge Kerbtiere und Insekten. Nebenbei fressen sie aber auch gerne die Kirschen, Himbeeren und Roten Johannisbeeren des Gärtners. Im Frühjahr sieht man die Amselmännchen oft gelbe Krokusse zerstören. Offenbar sehen sie in ihnen die gelben Schnäbel von Nebenbuhlern, die sie vertreiben möchten.

Amselnester werden an allen möglichen und unmöglichen Stellen im Garten und an Gebäuden gebaut. Bei guter Witterung brüten die Tiere dreimal im Jahr und legen jedes Mal vier Eier. Trotzdem kommen oft nur vier der zwölf Jungen einer Saison durch, denn die Nester sind häufig für Marder, Wiesel, Eichhörnchen, Katzen, Hunde und Elstern gut erreichbar.

Tipp *Wer Amseln in der Stadt beobachtet, kann bemerken, dass sie aufgrund der nächtlichen Beleuchtung deutlich früher anfangen zu brüten als auf dem Land. Sie singen hier auch lauter, um den Verkehrslärm zu übertönen.*

Singdrossel *(Turdus philomelos)*

Sie klingt ähnlich wohltönend wie die Amsel, aber noch etwas voller im Klang. Ihr Gesang unterscheidet sich besonders durch das meist dreimalige Wiederholen ihrer kurzen Strophen. Sie imitiert auch andere Singvögel wie Spötter, Nachtigall und Grasmücken, aber auch den Schrei des Bussards und anderer Greifvögel. In Städten ist sie seltener, aber in ländlichen Siedlungen häufig am frühen Morgen und späten Abend zu hören und zu sehen. Ihr Gefieder ist auf der Oberseite blassbraun bis olivbraun, auf Brust und Bauch hell rahmfarben mit deutlichen braunen Flecken (siehe Abbildung Seite 119). Singdrosseln fressen gerne Schnecken und benutzen geeignete Steine, um an ihnen die Schneckenhäuser zu zertrümmern. Diese »Drosselschmieden« erkennt man an der Vielzahl herumliegender zertrümmerter Schneckenhäuser.

STECKBRIEF: Singdrossel *(Turdus philomelos)*

URSPRÜNGLICHER LEBENSRAUM:	bei uns ganzjährig in Laub-, Misch- und Auwäldern
ERSATZLEBENSRAUM:	Feldgehölze, große Parks, Gärten mit großen Gehölzen
BRUTPLATZ:	stabile Nester versteckt im Unterholz oder in Jungfichten nahe beim Stamm
NISTMATERIAL:	Halme, Holzmulm und Lehm
SINGWARTE:	Spitzen hoher Bäume
NAHRUNGSSPEKTRUM:	Würmer, Kerbtiere, Insekten, Schnecken, im Herbst auch Beeren
ERKENNUNGSMERKMAL:	etwas kleiner als Amsel, Männchen und Weibchen sehen gleich aus; Gefieder auf der Oberseite braun, Unterseite rahmweiß mit schwarzbraunen Flecken

Die **Wachholderdrossel** *(Turdus pilaris)* ist gut an ihrem grauen Kopf und Nacken sowie der ocker- bis rostfarbenen Brust und Flügeldecke von der Singdrossel zu unterscheiden. Sie ist etwas größer als eine Amsel. Ursprünglich in Sibirien zuhause, hat sie sich bis Westeuropa ausgebreitet. Ihr Gesang, oft im Flug vorgetragen, ist nicht sehr laut, eher schwätzend und zwitschernd, mit schrillen Lauten durchsetzt.

Die **Misteldrossel** *(Turdus viscivorus)* sieht der Singdrossel recht ähnlich, ist aber größer und wirkt etwas grauer. Sie stimmt aber nicht in den allgemeinen Morgen- und Abendchor ein, sondern singt lieber alleine an sonnigen Vor- oder Nachmittagen, wenn alle anderen Vogelarten schweigen.

Heuschrecken und Grillen

Ähnlich abwechslungsreich, für unser Ohr aber längst nicht so wohltönend wie der Gesang vieler Vögel, sind die Werbegesänge der Heuschrecken- und Grillenmännchen. An warmen Sommerabenden und -nächten möchte man sie dennoch nicht im Garten missen, vermitteln sie uns doch ein echtes »Sommergefühl« und erinnern an einen Urlaub im Süden. Die Heuschrecken erzeugen die hochfrequenten Laute, je nach Art, durch Reiben der Vorderflügel aneinander oder an speziellen Leisten der Hinterbeine, die Grillen durch Reiben der Vorderbeine. Die meisten stridulieren (so lautet der Fachbegriff für diese Art der Lauterzeugung) tagsüber, die hier näher vorgestellten Arten sind aber auch abends und nachts zu hören. Die angelockten Weibchen hören die Werbegesänge der Männchen mit speziellen Membranen an den Vorderbeinen.

Wir Menschen nehmen längst nicht alle Frequenzen ihres Gesanges wahr, denn er besteht zu großen Teilen aus Ultraschalllauten bis 100 Hertz, die man mit einem Fledermausdetektor gut hörbar machen kann. Ältere Menschen, deren Hörspektrum natürlicherweise enger wird, können oftmals keine Heuschrecken und Grillen mehr hören.

Im Gegensatz zur gefürchteten Wanderheuschrecke, die bei Massenauftreten ganze Felder abfressen kann, ernähren sich unsere Heu-

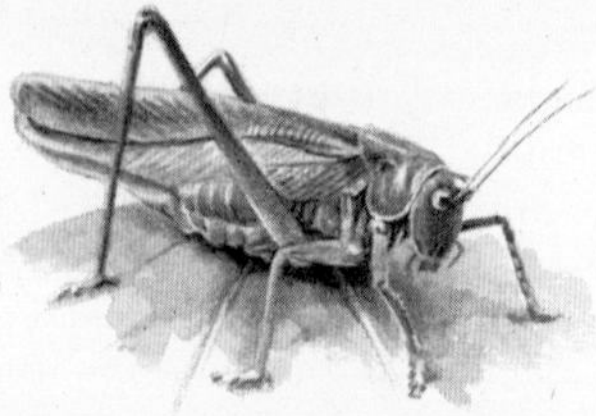

schreckenarten vorwiegend von Raupen, Käferlarven und anderen weichen Insekten. Deshalb braucht sie auch kein Gärtner zu fürchten. Oftmals ahnt man nichts vom recht häufigen Vorkommen der Tiere im Garten, da sie sich gut zwischen den Pflanzen verstecken. Erst im Sommer hört man sie dann und wundert sich über den Schalldruck, den die kleinen Tiere erzeugen können.

Heuschrecken werden von Fröschen und Kröten, von Vögeln, Fledermäusen und allen anderen Insektenfressern wie Spitzmäusen und Igeln, aber auch von Bilchen und anderen Nagern als »Proteinsnack« gerne verzehrt. Selbst Füchse schätzen die nahrhaften Bissen.

Grünes Heupferd *(Tettigonia viridissima)*
Eine in Siedlungen, an Wegrändern und auf Trockenwiesen recht häufige und mit 30 bis 40 Millimetern auch recht große, auffallend grüne Art. Die Männchen »singen« kopfüber sitzend von mittags bis abends, indem sie die beiden asymmetrischen Vorderflügel mit Schrillader und Schrillkante aneinander reiben. Eine rundliche Membran an den Flügeln verstärkt die entstehenden Töne, ein weiches Schwirren, das nach dem zweiten Tonstoß etwas zerhackt wird.

Gewöhnliche Strauchschrecke *(Pholidoptera griseoaptera)*
Sie ist eine wesentlich kleinere, braun gefärbte Schrecke, die sich vorwiegend in Bodennähe von Gebüschen aufhält und sich bei Gefahr mit weiten Sprüngen entfernt. Sie zirpt sehr schrill und kurz, selbst bei trübem Wetter und Regen und bis in die Nacht hinein. Man kann sie sogar im Herbst bis zu den ersten Nachtfrösten hören. Wenn es kälter wird und die Flügelbewegungen der Tiere langsamer werden, kann man hören, dass die vermeintlichen kurzen Einzellaute aus je drei Tonstößen bestehen.

Gewöhnliche Eichenschrecke ***(Meconema thalassinum)***
Sie ist vorwiegend nachtaktiv und ernährt sich ausschließlich von anderen Insekten wie Blattläusen und Raupen. Sie sitzt an der Unterseite von Eichenblättern, wo die Männchen mit den Hinterbeinen einen schnurrenden Trommelwirbel erzeugen, den man einige Meter weit hören kann. Dabei nutzen sie das Blatt als Resonanzkörper, eine für Heuschrecken ungewöhnliche Art der Lauterzeugung! Diese kleine hellgrüne Art entdeckt man meist erst, wenn sie an Lampen und beleuchtete Fenster fliegt, weil sie stark von Licht angezogen wird!

Gewöhnlicher Grashüpfer ***(Chorthippus parallelus)***
Diese kleine, ziemlich variabel grau, braun, grün und gescheckt gefärbte Art ist überall recht häufig. Die Männchen singen in kurzen, etwa eine Sekunde lang währenden, kratzenden Einzeltönen, auch bei Nacht.

Feldgrille ***(Gryllus campestris)***
Sehr laut und für unsere Ohren wohltönend ist der Gesang der Männchen, den sie mit beiden, aneinander reibenden Vorderbeinen an warmen Tagen und Abenden erzeugen. Vor ihren Wohnröhren im Boden, die sie erbittert gegen Geschlechtsgenossen verteidigen, beißen sie eine kleine »Arena« frei von Pflanzen, damit die Weibchen sie besser hören und finden können. Nach der Begattung legen die Weibchen die Eier in der Wohnröhre des Männchens ab. Feldgrillen lassen sich gut an ihrem dicken schwarzen Kopf und der rötlich schwarzen Färbung von den Heuschrecken unterscheiden.

Heimchen ***(Acheta domesticus)***
Diese nachtaktive Grille ist selten geworden, war früher jedoch in Häusern häufig anzutreffen und gefürchtet. Die Tiere können sich in warmen Winkeln und Spalten das ganze Jahr fortpflanzen und ernähren sich von Lebensmittelvorräten und Küchenabfällen. Ihr nächtlicher Gesang ähnelt dem der Feldgrille, ist aber etwas leiser. Im Haus kann er allerdings ziemlich enervierend sein.

Wer raschelt durchs »Unterholz«?

Wer abends oder nachts eine Weile draußen sitzt und sich ruhig verhält, wird bald ein Knacken und Knistern in seiner Umgebung hören. Da sich die allermeisten Vögel jetzt ganz ruhig verhalten und Eulen lautlos gleiten, kann es sich nur um nachtaktive Säugetiere handeln, die im Geäst herumturnen oder am Rand der Hecke raschelnd durchs Gras schleichen.

Haben sich unsere Augen an die Dunkelheit gewöhnt, können wir auch viele nachtaktive Tiere wahrnehmen. Oft sind es nur die Augen, die uns anleuchten, denn der Augenhintergrund vieler nachtaktiver Tiere reflektiert noch geringste Mengen von Licht. Nächtliche Jäger wie Katzen, Füchse und Marder oder potentielle Beutetiere wie Mäuse verhalten sich eher heimlich, während sich der Igel nicht fürchtet und relativ laut auf Würmer- und Schneckensuche geht.

Europäischer Igel

Erst abends und nachts nimmt man wahr, ob Igel *(Erinaceus europaeus)* den Garten durchstreifen. Voraussetzung dafür ist, dass es Durchschlupfmöglichkeiten an Zäunen gibt, denn Igel haben große Reviere, die mehrere Gärten umfassen. Sie laufen ungern über freie Flächen wie z. B. Rasen, sondern halten sich geschützt im Schatten von Hecken, Staudensäumen oder Wiesen auf. Igel sind erstaunlich flink und leise, doch hört man meist das Rascheln der Blätter, wenn sie im Schutz der Dunkelheit nach Nahrung suchen.

Das nächtliche Schmatzen, Schnaufen oder Grunzen von Igeln hat schon so manchen Menschen das Gruseln gelehrt, denn Igel können so laut sein, dass man ein größeres Tier vermuten könnte. Während der Paarungszeit machen sie sich durch lautes Schnauben bemerkbar, bei Erregung keckern sie aufgeregt und bei Angst können sie auch laut kreischen.

Da Igel überaus nützliche Gartenbewohner sind, sollten Sie Ihren Garten zumindest teilweise igelfreundlich anlegen. Ganz wichtig sind Schlafplätze, die der Igel tagsüber nutzt. Für die Jungenaufzucht wird das Igelweibchen einen Platz im April oder Mai vergrößern und mit Laub auspolstern. Im Spätherbst ziehen sich die Igel alleine in eine kleine Höhle zurück und halten dort Winterschlaf.

Alle ruhigen Plätze, ob alter Gartenschuppen, Reisighaufen, Holzstapel oder Kompost, eignen sich als Wochenstube und Winterquartier, solange dem Igel genügend Laub zum Auspolstern seiner Höhle zur Verfügung steht. Man kann aber auch Igelquartiere selbst bauen oder kaufen. Sie müssen aber an einem Platz im Garten aufgestellt werden, wo es keinerlei Störung im Winter gibt (Bezugsquelle siehe Seite 196).

Ein igelfreundlicher Garten ist ein naturnaher Garten, der auch vielen anderen Tieren nützt. Hier gibt es »unordentliche« Ecken mit Haufen von Laub und Totholz sowie Steinhaufen. Naturnahe Hecken und Staudenpflanzungen sorgen für geschützte Igelpfade, die die Tiere jeden Abend in gleicher Weise ablaufen. Rund ums Haus muss man dafür sorgen, dass die Tiere nicht in Kellerschächte fallen oder in Wasserlöchern oder Gartenteichen ertrinken können. Sie sind zwar gute Schwimmer, können aber an glatten Kunststoffwänden nicht mehr aus Teichen herausklettern.

Igel haben große Reviere und wandern von Garten zu Garten, wenn man ihnen in Zäunen Möglichkeiten zum Durchschlüpfen verschafft.

Die größten Gefahren drohen den Igeln durch den Straßenverkehr. Aber auch durch Pestizide vergiftete Beutetiere wie Würmer, Insekten und Schnecken schaden den Tieren. Natürliche Feinde sind Füchse, Marder und große Greifvögel. Im Garten sind Hunde die größten Störenfriede. Sie töten zwar keine Igel, stöbern sie aber tagsüber auf, stören die Jungenaufzucht und den Winterschlaf und verhindern so, dass sich die sympathischen Nachtwanderer im Garten zeigen. An Menschen können sie sich gut gewöhnen und lassen sich von der Anwesenheit der Gartenbesitzer nicht weiter stören, wenn sie abends ihre Runden drehen. Igel sind dennoch Wildtiere und sollten nicht gefüttert und ins Haus geholt werden. Gut gemeinte Igelhilfe endet für die Tiere meist tödlich. Am besten macht man seinen Garten igelfreundlich und verzichtet auf alles, was die natürliche Entwicklung der Tiere stören könnte.

STECKBRIEF: **Europäischer Igel** ***(Erinaceus europaeus)***

URSPRÜNGLICHER LEBENSRAUM:	Waldränder
ERSATZLEBENSRAUM:	Feldgehölze, alte Parks, Friedhöfe, Brachen, naturnahe Gärten
LAUFWEGE:	Hecken, Staudenbeete, Wiesenstreifen, wichtig sind bodennahe Lücken in Zäunen
SCHLAFQUARTIER BEI TAG:	Reisighaufen, Holzstapel, Kompost, Gartenhütte
WOCHENSTUBE:	wie Schlafquartiere
WINTERQUARTIERE:	wie Schlafquartiere sowie Igelhäuser
NISTMATERIAL:	trockenes Laub
NAHRUNGSSPEKTRUM:	Würmer, Schnecken, Insektenlarven, Käfer, Beeren

Spitzmäuse

Wer abends und nachts meint, Vögel zwitschern zu hören, hat wahrscheinlich die Laute von Feldspitzmäusen vernommen. Ununterbrochenes hohes Fiepen weist auf ein brünstiges Weibchen hin, schrille Drohschreie läuten die Paarung ein. Bald folgen ein beruhigendes Zwitschern und ein eigenartiger Rülpslaut, der zeigt, dass das Männchen am Ziel seiner Wünsche angelangt ist. Aber auch die anderen Spitzmausarten sind nicht eben leise und verständigen sich mit ähnlichen Lauten.

Spitzmäuse *(Crocidura)* sind das ganze Jahr über aktiv und versammeln sich im Winter gerne am Komposthaufen, wo sie auch bei Frost noch Fressbares in Form von Kerbtieren und Insektenlarven finden können. Sie sparen im Winter aber auch Energie, indem sie in einem Schlupfwinkel in eine Art Starre verfallen können.

Da sie so klein sind, alles in einem wahnwitzigen Tempo erledigen und bei annähernd 42 °C Körpertemperatur leben, müssen sie täglich eine Menge an Insekten, Spinnen und Schnecken verzehren, die ihrem eigenen Körpergewicht von etwa 10 bis 20 Gramm entspricht. Mit Mäusen und anderen Nagetieren sind diese nützlichen Tierchen, trotz ihres irreführenden Namens, nicht verwandt. Dafür mit anderen Insektenfressern wie den Igeln, Maulwürfen und Fledermäusen.

In Mitteleuropa gibt es drei Arten, die Feldspitzmaus (*Crocidura leucodon*), die Gartenspitzmaus (*C. suaveolens*) und die Hausspitzmaus (*C. russula*). Laien können sie kaum unterscheiden, nur Fellfarbe und -zeichnung sind etwas unterschiedlich.

In Siedlungen mit genügend Verstecken in Natursteinmauern, Holzstößen, Ställen und Schuppen kommen alle drei Arten vor. Als dämmerungs- und nachtaktive Tiere werden sie besonders von Schleiereulen und Käuzen gejagt. Aber auch Katzen vergreifen sich an ihnen – wobei sich die kleinen Tierchen extrem heftig wehren –, fressen sie aber wegen ihres unangenehmen Geruchs meist nicht.

Spitzmäuse sind sehr vermehrungsfreudig und können mehrmals im Jahr mehrere Junge bekommen, leben aber höchstens zwei Jahre lang. Sie vertilgen auch junge Mäuse im Nest, Käfer, Engerlinge und Schnecken, deshalb sollte jeder Gärtner glücklich über die Hilfe bei

der Schädlingsbekämpfung sein. Man kann die Insektenfresser leicht an der spitzen Schnauze, den kleinen Augen, dem kürzeren Schwanz und den deutlich längeren Tasthaaren von Mäusen unterscheiden.

Sollten Sie in Ihrem Gartenteich eine schwimmende Spitzmaus sehen, die eher wie ein kleiner Maulwurf aussieht, handelt es sich um die unter Naturschutz stehende, sehr seltene und stark gefährdete Wasserspitzmaus *(Neomys fodiens)*, die einer anderen Gattung angehört.

STECKBRIEF: Spitzmaus *(Crocidura)*

URSPRÜNGLICHER LEBENSRAUM:	Waldränder und offene Biotope in Mittel- und Südeuropa
ERSATZLEBENSRAUM:	Gärten, Parks, Kulturlandschaft
LAUFWEGE:	am Boden, sie kennen keine Hindernisse
SCHLAFQUARTIER, WOCHENSTUBE UND WINTERQUARTIER:	kleine ruhige Höhlen in Mauerspalten, Holzhaufen
NISTMATERIAL:	trockene Blätter und Grashalme
NAHRUNGSSPEKTRUM:	Spinnen, Insekten, Asseln, Würmer, Schnecken, junge Mäuse

Marder

Nicht weniger heimlich als Igel und Spitzmaus sind nachts in Dörfern und Städten mehrere Marderarten unterwegs. Einige Vertreter dieser Familie *(Mustelidae)*, zu der auch die selteneren Fischotter und Dachse gehören, haben sich gut an Siedlungen angepasst. Mit dem Aufkommen von Ackerbau und Getreidespeichern haben sie als Mäusejäger gute Bedingungen vorgefunden und sind so zu Kulturfolgern geworden. Da sie auch Hühner, Enten und Stallkaninchen erbeuten, werden sie von den Menschen nicht so gerne gesehen. Dass sie dabei oft mehr Tiere töten, als sie fressen können, hat nichts mit Mordlust zu tun. Die Tiere sind nur völlig konfus, weil ihre eingesperrte Beute nicht flüchtet.

Iltis *(Mustela putorius)*

Mit seiner schwarz-weißen Gesichtsmaske ist diese Marderart (auch Ratz genannt) gut von den anderen Arten zu unterscheiden. Vorwiegend nachtaktiv, streifen Iltisse zwischen Waldrand, Feldern und Wiesen, aber auch Gärten und Dörfern umher. Gewässer lieben sie ebenfalls, denn neben Mäusen, Ratten und Kaninchen gehören auch Fische, Frösche und Kröten zu ihrer Beute. Kaninchen- und Hühnerställe ziehen sie magisch an und müssen daher nachts sicher verschlossen werden. Die Hauptbeute der Iltisse sind jedoch Mäuse.

STECKBRIEF: Iltis *(Mustela putorius)*

URSPRÜNGLICHER LEBENSRAUM:	Wald, Feuchtgebiete
ERSATZLEBENSRAUM:	Waldrand, Felder, Siedlungen
»OFFENES GARTENTOR«:	Iltisse kommen überall hinein, klettern aber nicht
LAUFWEGE:	im Schutz der Dunkelheit, nur am Boden und schwimmend
SCHLAFQUARTIER BEI TAG UND WOCHENSTUBE:	Scheunen, Schuppen, Holzstapel, Kaninchenbauten, Spalten
WINTERQUARTIERE:	keine, da auch im Winter aktiv
NAHRUNGSSPEKTRUM:	Mäuse, Ratten, Kaninchen, Jungvögel, Frösche, Kröten
ERKENNUNGSMERKMAL:	stinkende Reviermarkierungen

Die Tiere klettern nicht, können aber gut schwimmen. Tagsüber schlafen sie in Felsspalten, verlassenen Kaninchenbauten, hohlen Bäumen, aber auch in Scheunen und unter Holzstapeln. Hier legen sie sich auch manchmal Vorratslager an. Die Beutetiere, z. B. Frösche, werden dazu nicht getötet, sondern mit einem Nackenbiss gelähmt und manchmal zu vielen aufgestapelt.

Im Gegensatz zum kletternden Steinmarder (siehe Seite 138) sind Iltisse eher ruhige Gesellen und leben meist unbemerkt in Menschennähe. Unterhalten sich zwei Iltisse, klingt das wie das nasale Gackern eines Huhns. Nur ihre übel stinkenden Markierungen verraten ihre Anwesenheit. Fühlt sich ein Iltis bedrängt, entleert er seine Analdrüsen und steht dann in Geruch und Abwehreffekt einem amerikanischen Stinktier (Skunk) in nichts nach.

Tipp *Das Frettchen* (Mustela putorius furo) *ist eine für die Jagd gezüchtete Unterart des Iltisses und hat freigelassen kaum Überlebenschancen. Andere kleinere Marder wie Hermelin* (Mustela erminea) *und das kleinere Mauswiesel* (Mustela nivalis) *sind eher tag- und dämmerungsaktiv, im Winter aber auch manchmal nachtaktiv. Sie sind wichtige Mäusejäger, aber nur in Siedlungen und Gärten mit naturnahem Umfeld heimisch.*

Fuchs

Unsere einzigen heimischen »Wildhunde« sind Wolf und Europäischer Rotfuchs *(Vulpes vulpes)*. Während man einem Wolf in Siedlungsnähe wohl kaum je begegnen wird, haben sich die Füchse gut an das Zusammenleben mit den Menschen in Dörfern und Städten angepasst. Ursprünglich tagaktiv, ist der Fuchs im Siedlungsbereich des Menschen zum dämmerungs- und nachtaktiven Jäger geworden. Dabei leben Füchse als typische Kulturfolger ebenso in Großstädten wie im ländlichen Raum. Trotz Jahrhunderte andauernder intensiver Bejagung konnte die vorsichtige, schlaue und vermehrungsfreudige Tierart nicht ausgerottet werden. Zu ihrem und unserem Glück, denn der Mäuse- und Rattenjäger leistet dem Menschen von alters her wertvolle Dienste.

Als Allesfresser ist der Fuchs kein Kostverächter und frisst neben Nagetieren und süßen Beeren auch Aas und Abfälle. Wenn alle Menschen schlafen und die Haushunde eingesperrt sind, schleicht er aus seinem Versteck und bedient sich an allem, was er finden kann. Essensreste, Katzen- und Hundefutter werden gerne genommen. Doch wer einmal einen Fuchs bei der Mäusejagd beobachtet hat, weiß, was seine eigentliche Beute ist. Sein Tagesbedarf liegt bei 15 bis 20 Feldmäusen. Doch Füchse verschmähen auch Käfer, Heuschrecken, Schnecken und Würmer nicht.

Zur Paarungszeit von Januar bis März machen Füchse erstaunlich unterschiedliche Laute. Von hohem, stakkatoartigem Bellen bis zu schauerlich anmutenden Rufen, die eher an einen Nachtvogel denken lassen. Davon haben sich schon viele Menschen erschrecken lassen, denn die wenigsten kennen das gesamte Repertoire an Fuchslauten.

In Städten und ländlichen Siedlungen ziehen Füchsinnen ihre Jungen in Parks und Gärten groß. Dabei beteiligt sich auch der Vater, in dichten Populationen auch Schwestern und Jungtiere vom Vorjahr. Sie ersetzen sogar die Mutter, falls diese umkommt. In Städten profitieren die Tiere vom großen Ratten- und Mäuseangebot, aber auch von Abfällen. Sie »wissen«, dass sie hier nicht gejagt werden, und gewöhnen sich schnell an den Verkehr und das Zusammenleben mit den Menschen. Jeder Unterschlupf ist willkommen, unter einer Baumwurzel, dem Kompost oder einem Holzstapel. Füchsinnen benutzen als Kinderstube gerne bereits vorhandene Höhlen, graben sich aber im lockeren Boden auch selbst welche. Selbst unter ungenutzten Gartenhütten und in ruhigen Abstellecken wurden schon Kinderstuben gefunden.

Während der Jungenaufzucht im Sommer gehen Füchsinnen auch tagsüber auf die Jagd, um ihre drei bis sechs Jungen satt zu bekommen. Säugende bzw. fütternde Fuchsmütter erkennt man gut an ihrem Gesäuge. Sie sind oft sehr mager und haben struppiges Fell. Die Jungen wagen sich nach etwa vier Wochen aus ihrem Bau, wenn sie sich ungestört fühlen.

Füchse leben meist friedlich mit Mardern und mutigen Hauskatzen in einem Revier zusammen. Da es so viele Füchse gibt, haben sich auch die meisten Hunde an deren Anwesenheit gewöhnt und verbellen oder jagen sie im eigenen Garten nicht (es herrscht »Burgfrieden«). Wer ahnt, dass in seiner Nähe ein Fuchs lebt, und ihn in seinem Garten beobachten möchte, muss nur ruhig in der Dämmerung sitzen bleiben. Das Anlocken und Füttern von Füchsen ist jedoch verboten, damit die Wildtiere nicht vollends zu Haustieren werden und ihre natürliche Scheu vor Menschen verlieren.

STECKBRIEF: Europäischer Rotfuchs *(Vulpes vulpes)*

URSPRÜNGLICHER LEBENSRAUM:	Wälder und Kulturlandschaften Mitteleuropas
ERSATZLEBENSRAUM:	Siedlungen, Städte mit Gärten und Parks
»OFFENES GARTENTOR«:	Zäune mit bodennahen Lücken bzw. Spalten zwischen den Zaunlatten
LAUFWEGE:	überall am Boden, am Tag mit Deckung
SCHLAFQUARTIER BEI TAG UND WOCHENSTUBE:	Reisighaufen, Holzstapel, große Kompostbehälter, ruhige Gartenhütten, unter Baumwurzeln, in Dachsbauten
WINTERQUARTIERE:	keine
NAHRUNGSSPEKTRUM:	Nagetiere, Frösche, Insekten, Würmer, Aas, Beeren, Abfälle

Tipp *Einstmals gefürchteter Überträger von Tollwut, muss man diese Krankheit heute nicht mehr fürchten, da die Tiere mithilfe von Ködern geimpft werden. Trotzdem sollte man niemals einen (scheinbar) zahmen Fuchs anfassen, einen jungen, mageren oder krank aussehenden füttern oder gar ins Haus locken. Füchse sind Wildtiere, deren Bestand sich in guten Mäusejahren sehr vergrößern kann. Bleiben die Mäuse aus, verhungern auch etliche Füchse, was ein ganz normaler Zyklus von Räuber und Beute ist.*

Wer klettert auf Bäume und in Gebäude?

Einige nachtaktive Kletterkünstler unter den Säugetieren nutzen Gebäude als Schlafplätze und zur Jungenaufzucht, anstelle fehlender Baumhöhlen und Felsspalten. Siedlungen und ihre landwirtschaftlich geprägte Umgebung dienen als Ersatzlebensräume, die ein reichhaltiges Nahrungsangebot bieten. Das können die Früchte von Obstbäumen sein, ebenso wie die vielen Insekten und Nagetiere, die sich hier aufhalten. So haben besonders die Allesfresser gute Chancen, besonders wenn sie für den Winter vorsorgen oder Winterschlaf halten.

Die meisten der hier genannten Kletterer sind äußerst heimlich unterwegs und nur schwer zu beobachten. Doch an den Lauten zur Paarungszeit und an ihren Hinterlassenschaften kann man erkennen, um welchen nächtlichen Besucher bzw. Gartenbewohner es sich handelt.

Bilche

Bilche oder Schläfer *(Gliridae)*, wie die Tierfamilie auch genannt wird, haben ein dichtes weiches Fell, sind maus- bis eichhörnchengroß und tragen einen behaarten Schwanz. Ihre großen schwarzen Augen weisen auf ihr nachtaktives Leben hin. Sie machen ausgedehnten, mehrere Monate dauernden Winterschlaf meist in Erdhöhlen, oft auch zu mehreren aneinander gekuschelt. Ihre Jungen ziehen sie in Baumhöhlen und passenden Ersatzlebensräumen wie Nistkästen, Dachböden und Schuppen groß. Bilche ernähren sich von Samen, Nüssen, Eicheln, Früchten, zarten Pflanzentrieben und Kleintieren. Sie sind gute Kletterer und können nachts ganze Obstbäume abernten.

Gartenschläfer *(Elyomis quercinus)*
Die Bilche mit dem braunen Fell und der charakteristischen Augenmaske sind laute Gesellen. Nachts grunzen, keckern, knarren und pfeifen sie in allen Tonlagen, vor allem zur Paarungszeit. Erst in der Dämmerung verlassen sie ihre Schlafhöhlen und begeben sich auf Nahrungssuche. Ihre Beute besteht zu vier Fünfteln aus Insekten, Tausendfüßern, Schnecken, Raupen, jungen Mäusen, Fröschen und Vogeleiern. Das restliche Fünftel besteht aus Obst. Nisten sich die Tiere jedoch in Obstlagern ein, können sie ausschließlich davon leben und den Winterschlaf, der normalerweise von Ende Oktober bis Ende März dauert, ganz ausfallen lassen.

Der Gartenschläfer liebt, wie sein etwas größerer Verwandter, der Siebenschläfer, verwilderte Gärten, Felsspalten, Schlupflöcher in Steinhaufen, ruhige Schuppen und Dachböden. Nistkästen (für Stare) werden dagegen eher vom Siebenschläfer bezogen und mit Moos ausgepolstert.

STECKBRIEF: Gartenschläfer *(Elyomis quercinus)* UND Siebenschläfer *(Glis glis)*

URSPRÜNGLICHER LEBENSRAUM:	Laub- und Nadelwälder in Mittel- und Südeuropa
ERSATZLEBENSRAUM:	Gärten, Parks, Kulturlandschaft
»OFFENES GARTENTOR«:	kennen keine Hindernisse
LAUFWEGE:	gute Kletterer, selten am Boden
SCHLAFQUARTIER BEI TAG, WOCHENSTUBE UND WINTERQUARTIER:	kleine ruhige Höhlen
NISTMATERIAL:	trockenes Moos, Heu, Blätter
NAHRUNGSSPEKTRUM:	Insekten, Schnecken, Obst

Siebenschläfer *(Glis glis)*

Der Siebenschläfer hat ein graues Fell und keine Augenmaske. Auch ist sein Schwanz buschiger als der des Gartenschläfers. Da der Wald sein ursprünglicher Lebensraum ist, liebt er Nistkästen als Baumhöhlenersatz. Auch Siebenschläfer sind nachtaktiv und machen viel Lärm. Brummend, murrend und schnalzend unterhalten sie sich, zähneratternd drohen sie der Konkurrenz und quiekend rufen sie nach Geschlechtspartnern. Ihr Nahrungsspektrum ist vorwiegend vegetarisch, jedoch werden neben Obst und Nüssen auch Vogeleier und Insekten verspeist.

Haselmaus *(Muscardinus avellanarius)*

Der kleinste unserer heimischen Bilche ist die Haselmaus, die sich ebenfalls gerne in Nistkästen zurückzieht (siehe Abbildung auf Seite 135). Aber auch in Gartenschuppen findet man ihre kugelförmigen gepolsterten Nester, z. B. in Blumentöpfen, Schürzentaschen und zwischen Gerätschaften.

Ansonsten baut sie kugelförmige Nester in dichtem Geäst von Sträuchern, kunstvoll geflochten aus langen Halmen, die sie mit Laub und Moos auspolstert. Zum Winterschlaf zieht sie sich in hohle Baumstämme, Erdhöhlen und Spalten von Trockenmauern zurück.

Stört man die goldbraunen, mausgroßen Tierchen mit der Schwanzquaste in ihrem Winterschlaf, verbrauchen sie viele lebensnotwendigen Fettreserven und verhungern, bevor es wieder Nahrung für sie gibt. Deshalb sollte man sie nicht stören, indem man z. B. gerade im Winter den Geräteschuppen aufräumt.

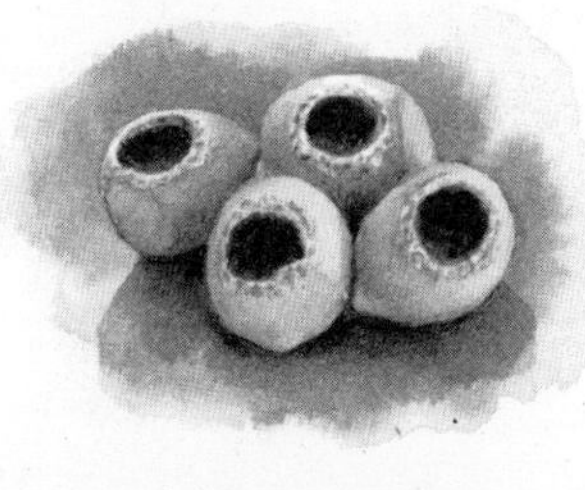

Die charakteristischen Nagespuren an verspeisten Haselnüssen, mit einem kreisrunden Loch und Zahnspuren in der Nussschale, die fast parallel zum Rand verlaufen, verraten, dass Haselmäuse in der Nähe sind.

Steinmarder

Während man die possierlichen Bilche im Garten gerne willkommen heißt, wird das Auftauchen von Mardern *(Mustelidae)* nicht so gerne gesehen. Sie gehören aber ebenso zu den erfolgreichen Mäusejägern und nützlichen Kulturfolgern wie Fuchs und Waldkauz. Aus dem Garten vertreiben lassen sie sich sowieso nicht. Besser, man lernt sie als faszinierende Gartenbesucher kennen und informiert sich über die Tricks, sie aus Haus und Auto fernzuhalten. Spätestens, wenn Steinmarder, auch Hausmarder genannt, den Dachboden beziehen oder an Autoteilen beißen, wird es auch dem tolerantesten Tierfreund zu viel. Die Jungtiere sind beim Herumtollen so laut, dass an Schlafen nicht zu denken ist (manchmal sind es aber auch Siebenschläfer, die den Krach machen!). Da die angestammten Reviere des Steinmarders felsige Schluchten sind, fühlt er sich in und zwischen Häusern wohl und hat sich als Kulturfolger bestens an menschliche Siedlungen angepasst. Die wenigsten Menschen ahnen, wie viele Steinmarder in ihrer Umgebung leben. Die flinken Tiere mit dem weißen Lätzchen sind auch in Städten anzutreffen und halten dort Mäuse und Ratten in Schach. Sie fressen aber auch Vögel, Eier, Früchte und menschliche Abfälle sowie Hunde- und Katzenfutter. Ihren länglichen dunklen Kot platzieren sie als Reviermarkierung bevorzugt etwas erhöht, z. B. auf der Türschwelle oder Treppenstufe.

STECKBRIEF: Steinmarder *(Martes foina)*

URSPRÜNGLICHER LEBENSRAUM:	felsige Schluchten
ERSATZLEBENSRAUM:	Häuserschluchten, Siedlungen
»OFFENES GARTENTOR«:	Marder kommen überall hin
LAUFWEGE:	im Schutz der Dunkelheit am Boden, über Dächer und Bäume
SCHLAFQUARTIER BEI TAG UND WOCHENSTUBEN:	Dachstühle, Scheunen, Schuppen
WINTERQUARTIERE:	keine, da auch im Winter aktiv
NAHRUNGSSPEKTRUM:	Mäuse, Ratten, Jungvögel, Obst, Beeren, Essensreste, Hunde- und Katzenfutter

Geräusche, die an das Kreischen von streitenden Katzen erinnern, geben die flinken Gesellen nur in der Paarungszeit und als herumtollende Jungtiere von sich. Ansonsten knurren sie, wenn sie sich begegnen. Auf ihren langen Streifzügen durch die Nacht sind sie eher ruhig, sodass die wenigsten Menschen wissen, dass sich ein Marder in ihrer Umgebung niedergelassen hat.

Marder lieben warme Höhlen als Tagesschlafplätze und so haben sie vor einigen Jahrzehnten den Motorraum abgestellter Fahrzeuge als idealen Schlafplatz entdeckt. Da sie alles mit den Zähnen erkunden, kommt es immer wieder zu Schäden an Gummi- und Plastikteilen. Da sowohl männliche wie weibliche Tiere alles mit Urin und Kot markieren, was sich in ihrem Revier befindet, kommt es zu Revierstreitigkeiten, wenn das Auto in einem anderen Marderrevier abgestellt wird. Der zweite Marder reagiert aggressiv auf die Duftspuren des vermeintlichen Nebenbuhlers in seinem Revier und beißt in alles, was nach dem anderen riecht. So können große Schäden an Schläuchen und Kabeln entstehen. Duftsprays, Hundehaare und Ultraschallgeräte helfen nicht, wie langjährige Erfahrungen zeigen. Ein lockeres, unter dem Motorraum am Boden abgelegtes Gittergewebe kann helfen, denn darauf laufen die vorsichtigen Gesellen nicht gerne. Hundertprozentigen Schutz bieten aber nur spezielle Kabelummantelungen, Motorraumkapselungen und elektrische Abschreckungssysteme, die von KFZ-Werkstätten installiert werden.

Tipp *Die Vergrämung eines Marders aus dem Dachboden gelingt nur, wenn man den Wiedereinzug verhindern kann. Dazu müssen alle Schlupflöcher sorgfältig und am besten auch mäusesicher mit Drahtgitter verschlossen werden. Manche Kammerjäger sind darauf spezialisiert und fangen die Tiere vorher in Lebendfallen. Das alleinige Aussetzen der Tiere in weiterer Umgebung ist nicht erfolgversprechend, denn ein Marderquartier wird bei Abwesenheit des Revierinhabers sogleich von einem anderen Marder besetzt.*

Katzen, Füchse und Marder haben sich in Siedlungen meist arrangiert und leben friedlich miteinander. So beweisen nächtliche Aufnahmen, dass sie aus einer Futterschüssel fressen, meist nacheinander, aber auch gemeinsam. Auch die meisten Hunde schlagen bei Marderbesuch nicht an, da sie sich an die flinken Tiere längst gewöhnt haben.

Tipp *Der Baummarder* (Marte martes), *dem Steinmarder sehr ähnlich, aber mit gelbem Kehlfleck, ist sehr selten geworden und nicht in Siedlungen anzutreffen.*

Waschbär

Der hübsche graue Kleinbär *(Procyon lotor)* ist ein »Einwanderer« aus Nordamerika, der hierzulande ausgesetzt wurde. Da er sich bei uns sehr wohl fühlt und prächtig vermehrt, gehört er längst zur Fauna in Wäldern und Siedlungen einiger Bundesländer. Ursprünglich tagaktiv, hat er sich in Menschennähe eine nächtliche Lebensweise angewöhnt, ist aber keineswegs besonders scheu. Seine Anwesenheit verrät er durch geschickt geöffnete Mülltonnen, Kratzspuren an Bäumen, Holzpfosten und anderen senkrechten Bauteilen, die er mühelos erklettert. Ganz dreiste Gesellen schlafen tagsüber auf Hausdächern, Kaminköpfen oder nicht genutzten Balkonen.

Seinen Namen hat der putzige Bär mit der charakteristischen Gesichtsmaske von seinen tastenden Bewegungen mit den Vorderpfoten im Wasser. Auf diese Weise sucht er nach Schnecken, Muscheln und Insektenlarven in Bächen und an Teichufern. Er frisst aber auch Mäuse, Insekten, Vogelbrut, Beeren und menschliche Abfälle.

Die Laute von sich balgenden Waschbären sind ziemlich charakteristisch. Sie erinnern an sich balgende Hundewelpen. Ähnlich klingt es auch, wenn man einem kleinen Hund kurz die Schnauze zuhält oder ihm den Lieblingslappen wegnehmen möchte. Sie können aber auch quieken, grunzen, schnarren, kreischen und fauchen. Wer einen oder mehrere Waschbären auf dem Dachboden hat, kann das nicht überhören und sollte schleunigst einen Fachmann (Kammerjäger) beauftragen, das Tier lebend zu fangen, weiter entfernt wieder auszusetzen und das Quartier anschließend abzudichten. Meist reicht es, über das Dach ragende Äste von Bäumen zu entfernen oder Pfosten mit glatten Manschetten zu ummanteln, um den Zugang zum Dach zu versperren.

Auf ihren heimlichen Streifzügen durch die Straßen und Gärten sind die geselligen Tiere eher ruhig und verraten sich nur durch die Geräusche umfallender Gefäße, die sie nach Essbarem untersuchen.

STECKBRIEF: Waschbär *(Procyon lotor)*

URSPRÜNGLICHER LEBENSRAUM:	Wälder Nordamerikas, seit etwa 60 Jahren auch gewässerreiche Laub- und Mischwälder der Mittelgebirge Mitteleuropas (Österreich, Polen, Schweiz, Osten Frankreichs)
ERSATZLEBENSRAUM:	als Kulturfolger auch in Parks und Gärten Deutschlands sowie angrenzender Länder
»OFFENES GARTENTOR«:	Waschbären kommen überall hin
LAUFWEGE:	über Dächer, Bäume, bei genügend Deckung auch am Boden
SCHLAFQUARTIER:	auf Bäumen, Dachböden, ungenutzten Balkonen, in Schuppen
WINTERQUARTIERE:	keine, Waschbären sind ganzjährig aktiv
NAHRUNGSSPEKTRUM:	Würmer, Schnecken, Muscheln, Insektenlarven, Mäuse, Vogeleier und -brut, Früchte, menschliche Abfälle

Tipp *Eine ganz ähnliche schwarze Gesichtsmaske trägt der Marderhund* (Nyctereutes procyonoides), *ein aus Ostasien stammender Neubürger unserer Wälder. Dieses scheue Tier aus der Familie der Hunde klettert jedoch nicht, sondern sucht im Wald am Boden nach Nahrung, ähnlich dem Dachs. Seine Rufe ähneln Wolfsgeheul, sind aber ein bis zwei Oktaven höher und kürzer anhaltend.*

Wer sucht das Wasser?

Amphibien gehören zu den wechselwarmen Wirbeltieren und sind in ihren Aktivitäten auf Minimaltemperaturen ihrer Umgebung angewiesen. Doch diese können sehr niedrig sein, wie das frühe Erscheinen und Laichen der Grasfrösche im Februar oder März zeigt. Viele Amphibien sind nachtaktiv, da nachts meist eine höhere Luftfeuchtigkeit mit Taubildung am Boden vorherrscht. Tagsüber verstecken sich Kröten, Frösche und Schwanzlurche gerne an feuchten, dunklen Stellen, damit sie mit ihrer ungeschützten Haut nicht austrocknen. Nur zur Laichzeit und als Larve mit Kiemen halten sie sich in Gewässern auf.

Wer ein kleines Gewässer im Garten hat, kann einige Amphibienarten zur Laichzeit am Tag beobachten. An Land sind Erdkröten besonders augenfällig, wenn sie an milden feuchten Abenden ihre Laichwanderung antreten. In großer Zahl verlassen sie ihre Winterverstecke im Wald, in Feldgehölzen und naturnahen Gärten und begeben sich auf die Wanderung zu ihren Laichgewässern. Das sind oftmals ihre eigenen »Geburtsstätten«, aber es werden auch neue, auf dem Weg liegende Gewässer besiedelt.

Schauen Sie deshalb während der Zeit der Krötenwanderung beim Autofahren, aber auch beim Heimkommen im Dunkeln immer genau hin, besonders an warmen, feuchten Abenden und Nächten. So manch vermeintliches trockenes Blatt auf Straße und Einfahrt entpuppt sich beim näheren Hinsehen als Kröte oder Frosch.

Wer etwas für die gefährdeten Tiere in der Umgebung tun möchte, sollte sich bei den Krötenzaun-Aktionen der örtlichen Naturschutzvereine engagieren. Die »dünnhäutigen« Amphibien sind aber auch massiv durch Insektizide bedroht, die durch die Hautoberfläche in ihren Organismus gelangen. Hinzu kommen Nahrungsmangel und Vergiftung durch vergiftete Insekten und Weichtiere sowie der massenhafte Tod durch den Straßenverkehr bei der Hin- und Rückwanderung. Aber auch Angelvereine haben zum Rückgang der Amphibien geführt, da die von ihnen in Teiche eingesetzten Fische den Laich und die Kaulquappen der Frösche und Schwanzlurche fressen. In einem naturnahen Gartenteich haben Fische aus diesem Grund nichts verloren.

Grasfrosch

Der bräunlich gefärbte Grasfrosch *(Rana temporaria)* kommt in ganz Europa in Wäldern, Kulturlandschaften und Gärten vor, wenn geeignete Laichgewässer vorhanden sind. Natürliche Gewässer sind sehr rar geworden und Gartenteiche stellen nur dann einen Ersatzlebensraum dar, wenn sie richtig angelegt und in die Umgebung eingebunden sind. Da die erwachsenen Frösche gerne am Grund des Teichs überwintern, muss dieser an einer Stelle mindestens 80, besser 100 Zentimeter tief und damit frostfrei sein. Im Winter sollte trotz Eisdecke genügend Sauerstoff in das Gewässer gelangen können. Faulschlamm und Fische im Teich sind für den Frosch bzw. seinen Laich ebenso tödlich wie glatte steile Folienwände und fehlende Ufervegetation!

Grasfrösche laichen bereits Ende Februar bis Anfang März, sobald sich die Eisdecke vom Tümpel zurückzieht. Die Männchen haben keine Schallblasen und knurren leise, um Weibchen anzulocken. Der Laich wird in Ballen abgelegt, die bei Wasserkontakt aufquellen und den ganzen Teich bedecken können. Viele Vögel warten diesen Moment ab und picken die Froscheier vom Rand her auf. Enten erscheinen gerne früh am Morgen und laben sich am Laich. Sobald die Kaulquappen geschlüpft sind, fressen sie kleinere Wassertiere, aber auch den Laich anderer Amphibien auf, werden aber auch selbst zur Beute von Libellenlarven, Gelbrandkäfern, Molchen und Ringelnattern.

Die Kaulquappen sind auch im steten Konkurrenzkampf untereinander. So geben die größeren, zuerst geschlüpften, einen chemischen Stoff ab, der später entwickelte Artgenossen im Wachstum hemmt. Die kleineren Kaulquappen werden dann häufig von den größeren gefressen. Die Überlebenden entwickeln sich jedoch weiter, wenn die anderen ihre Entwicklung abgeschlossen haben und als kleine Frösche das Wasser verlassen.

An Land leben die Grasfrösche erst einmal von winzigen Insekten wie Blattläusen im Umkreis weniger Hundert Meter vom Geburtsort. Erst mit etwa vier Jahren sind sie ausgewachsen und geschlechtsreif. Dann legen sie ihre Eier meist in den gleichen Tümpel, aus dem sie selbst geschlüpft sind.

STECKBRIEF: Grasfrosch *(Rana temporaria)*

URSPRÜNGLICHER LEBENSRAUM:	Wald, Gewässer
ERSATZLEBENSRAUM:	abwechslungsreiche Kulturlandschaften und naturnahe Gärten mit geeigneten Kleingewässern
»OFFENES GARTENTOR«:	vernetzte Strukturen zwischen Winterquartier und Laichgewässer
LAUFWEGE:	Hecken, Staudenbeete, Wiesenstreifen
SCHLAFQUARTIER BEI TAG:	unter Laub, in feuchten Spalten, zwischen dichten Pflanzungen
LAICHGEWÄSSER:	Teiche, Tümpel
WINTERQUARTIERE:	am Grund ihrer Laichgewässer oder an Land in frostfreien Höhlen und Spalten
NAHRUNGSSPEKTRUM:	Würmer, Asseln, Spinnen, Insekten

Tipp *Mit der Zerstörung eines Laichgewässers werden ganze Populationen vernichtet. Ersatzgewässer kann man nur schaffen, indem man den Laich in das neue Gewässer umquartiert. Wer einen neuen Gartenteich »impfen« möchte, darf den Laich nicht aus der Natur entnehmen! Andere Teichbesitzer helfen aber sicher gerne mit einem Laichballen aus.*

Entwicklungszyklus eines Froschs

Froschkonzert

Die Rufe des Grasfroschs sind ein so leises Knurren, dass man sie nur bemerkt, wenn man sich dicht an die Tiere anschleicht. Für das abendliche Froschkonzert sind die grün gefärbten Wasserfrösche, die einer eigenen Gattung *(Pelophylax)* angehören, zuständig. Seefrosch *(P. ridibunda)*, Kleiner Teichfrosch *(P. lessonae)* und die Kreuzung aus beiden, der Wasserfrosch *(P. esculenta)*, haben Schallblasen an den Wangen. Mit diesen machen die Männchen ab Mai einige Wochen am Abend ein lautes Konzert, um Weibchen anzulocken. Ansonsten sind die Tiere tagaktiv und halten sich vorwiegend im und am Rand des Gewässers auf. Alle Grünfrösche kommen nur in niedrigeren und wärmeren Gegenden vor und überwintern außerhalb des Teichs unter Laub und Schilfresten.

Das Froschkonzert muss auch dann von Nachbarn geduldet werden, wenn die Frösche nicht natürlich eingewandert sind, sondern von den Teichbesitzern angesiedelt wurden. So haben bereits mehrere Gerichte im Sinne der Tiere geurteilt.

Frösche stehen unter Artenschutz. Sie dürfen aus einem einmal bezogenen Biotop nicht mehr so einfach entfernt werden.

Erdkröte

Sobald es im März einige Tage warm ist, wachen die Erdkröten *(Bufo bufo)* aus ihrer Winterruhe auf und graben sich aus ihren Erdhöhlen. Von einem inneren Kompass gesteuert, wandern sie an feuchten Abenden zielstrebig zu dem Gewässer, in dem sie sich selbst vor mindestens drei Jahren aus dem Ei zur Kaulquappe entwickelt haben.

Die größte europäische Krötenart hat sich gut an das Leben in naturnahen Gärten angepasst, wenn diese genügend Nahrung und Unterschlupf bieten. Sie laicht auch in Gartengewässern ab, wenn diese nicht zu warm sind und geeigneten Pflanzenbewuchs bieten. Denn der Laich wird in Schnüren um Pflanzenstängel gewickelt, damit er nicht untergeht. Die Kaulquappen der Erdkröte treten etwa zwei bis drei Wochen später in Schwärmen auf und »grasen« jede Menge Algen ab. Von Fischen werden sie als ungenießbar bzw. giftig verschmäht, für Libellenlarven, Gelbrandkäfer und junge Ringelnattern sind sie jedoch ein »gefundenes Fressen«.

Auf ihren teils mehrere Kilometer langen, gemeinsamen nächtlichen Laichwanderungen sind Erdkröten beim Überqueren von Straßen besonders gefährdet. Engagierte Helfer versuchen sie jedes Jahr durch das Errichten von Krötenzäunen und Tragen über die Straßen vor diesem Schicksal zu bewahren. Die Rückwanderung nach dem Laichen erfolgt jedoch den ganzen Sommer über, wobei ebenfalls viele Tiere umkommen.

Umso glücklicher kann man sich schätzen, wenn man Erdkröten im Garten und der näheren Umgebung findet. Sie sind die besten Freunde des Gärtners, denn sie fressen viele Schnecken und Insekten. Ihre warzige, ein giftiges Sekret ausscheidende Haut macht sie für viele Tiere ungenießbar. Jedoch schrecken Iltis und Waschbär nicht vor dem Verzehr von Kröten zurück, denn sie waschen und kneten die Tiere vorher so lange durch, bis das Sekret entfernt ist. Der mit Abstand größte Feind ist aber der Mensch, besonders sein Auto. Nicht nur beim Überfahren werden die Tiere getötet, auch der Luftdruck vorbeifahrender Autos verletzt die Tiere nachhaltig. Aber auch Insektizide und Schneckengift schädigen die Tiere, da sie die Gifte zum einen mit der Nahrung, zum anderen auch über die Haut aufnehmen.

In einem krötenfreundlichen Garten finden sich:

- naturnaher Gartenteich mit bepflanzter Sumpfzone,
- Teichufer mit Anbindung an feuchte Ecken mit Totholz, Stein- und Laubhaufen,
- Hecken- und Staudensäume,
- Wiese bzw. ungemähte Wiesenstreifen,
- frostfreie feuchte Überwinterungsplätze,
- **keine** Insektizide und Schneckengifte *(Molluscizide).*

STECKBRIEF Erdkröte *(Bufo bufo)*

URSPRÜNGLICHER LEBENSRAUM:	Wälder in Gewässernähe
ERSATZLEBENSRAUM:	naturnahe Gärten mit Gehölzen, Totholz, Laub u. a. Verstecken sowie einem geeigneten Laichgewässer
»OFFENES GARTENTOR«:	Vernetzung der Wanderwege mit naturnaher Bepflanzung zwischen Winterquartier und Laichgewässer
LAUFWEGE:	Hecken, Staudenbeete, Wiesenstreifen
SCHLAFQUARTIER BEI TAG:	unter Totholz, Laubhaufen, in Mauerspalten
LAICHGEWÄSSER:	Tümpel, Gartenteiche, ruhige flache Gewässerabschnitte mit Pflanzenstängeln
WINTERQUARTIERE:	in frostfreien Erdhöhlen und Mauerspalten mit Erdanschluss, in Komposthaufen, Wühlmausgängen
NAHRUNGSSPEKTRUM:	Würmer, Asseln, Spinnen, Insekten und Insektenlarven, Schnecken

Schwanzlurche

Als Schwanzlurche *(Caudata)* werden Molche und Salamander bezeichnet, die gut an ihrem langen Schwanz erkennbar sind. Außer zur Laichzeit im und am Gartengewässer, kann man Molche meist nur nachts entdecken. Jetzt wagen sie sich aus ihren Tagesverstecken, denn die Nacht ist feuchter und schützt sie zudem vor Fressfeinden, besonders vor Vögeln. Gibt es in der Nähe einen klaren, sauerstoffreichen Bach, kann man nachts sogar Feuersalamander im Garten beobachten. Mit ihrer gelben Zeichnung auf schwarzem Grund leuchten sie auch bei Mondlicht oder schwacher Beleuchtung. Da sie schwach giftig sind und kaum Fressfeinde haben, fliehen sie nicht und laufen deshalb leicht Gefahr, zertreten und überfahren zu werden.

Mit einer Taschenlampe ausgerüstet, kann man beim vorsichtigen Spähen am Boden oft überall Molche entdecken, wo es etwas zu fressen gibt. Alle feuchten Stellen, die Asseln, Tausendfüßer, Würmer und Insekten anziehen, z. B. rund um Blumenkübel, Kellerabgänge, am Fuß von Mauern, Hecken und an Staudensäumen, sind Laufwege der Molche.

Berg- und Teichmolch nehmen auch mit einem Gartenteich als Laichgewässer vorlieb. Dort halten sie sich jedoch nur zur Paarungszeit und als Larven auf und wandern nach der Eiablage wieder an Land. Im Winter verstecken sich die Molche gerne in tiefen frostfreien Spalten, so auch zwischen Kellerwänden und Erdreich. Wird es im Herbst kühl, wandern sie auch in Keller ein, wo sie jedoch vertrocknen. Kellerschächte sollte man deshalb immer mit einem feinen Netz abdecken. Kelleraußentreppen benötigen eine Aufstiegshilfe. Die Schächte sollte man besonders im Herbst mehrmals die Woche kontrollieren, denn unter dem hereingewehten Herbstlaub verstecken sich oft kleine Molche.

Tipp *Schwanzlurche sind Amphibien, werden aber von Laien gerne mit Reptilien verwechselt, dabei unterscheiden sie sich grundlegend. Reptilien (Eidechsen, Blindschleichen, Schlangen u. a.) haben eine dicke verhornte Haut und sind gegen Hitze und Austrocknung bestens geschützt. Sie legen ihre Eier an Land, wo sie von der Sonne »bebrütet« werden. Nachts wird man den Wärme liebenden Reptilien in unseren gemäßigten Breiten nicht begegnen.*

Teichmolch ***(Trituris vulgaris)***
In naturnahen Gärten mit Teichen kommen die wanderfreudigen Tiere recht häufig vor. Bereits ab Ende Februar kommen die Teichmolche bei Dunkelheit aus ihren frostfreien Winterquartieren und wandern zur Paarung in bekannte und neu angelegte Gewässer, wo sie tags aktiv sind. Die Männchen legen sich ein intensiv gefärbtes Hochzeitskleid mit blau-orangefarbener Bauchseite und gewelltem Rückenkamm zu. Sie umwerben die unscheinbaren Weibchen mit einem Hochzeitstanz im Wasser und setzen ihre Samenpakete ab, die dann vom Weibchen aufgenommen werden. Bei passender Wassertemperatur legt das Weibchen die Eier einzeln ab und wickelt sie in kleine Blättchen von Wasserpflanzen oder klebt sie an Steine und Treibholz. Nach zwei bis drei Wochen schlüpfen die kleinen Larven. Nach einiger Zeit sehen sie bereits wie kleine Molche aus, haben aber Kiemenbüschel am Kopf. Je nach Größe fressen sie kleine Wassertiere wie Wasserflöhe, Mückenlarven und die Kaulquappen von Fröschen. Nach Bildung einer Lunge und Abwerfen der Kiemenbüschel gehen sie an Land, wo sie fortan nachtaktiv sind. Tagsüber verstecken sie sich unter feuchtem Moos, Totholz, Steinen und Laub.

Teichmolche bevorzugen saubere, pflanzenreiche Flachwasserzonen. In Teichen ohne Sumpfzonen und Anbindung an naturnahe Lebensräume, in Gärten mit sterilen Rasenflächen und wenig Versteckmöglichkeiten werden Molche im flachen Wasser und an Land von Vögeln aufgespürt und gefressen.

STECKBRIEF: Heimische Molche *(Triturus)*

URSPRÜNGLICHER LEBENSRAUM:	Umgebung von Gewässern
ERSATZLEBENSRAUM:	abwechslungsreiche Kulturlandschaften, naturnahe Gärten mit passenden Laichgewässern
LAUFWEGE:	bei Nacht entlang von Mauern, Hecken, Staudenbeeten, Wiesenstreifen
SCHLAFQUARTIER BEI TAG:	im Schatten unter Laub, Moos, Totholz, Steinen
LAICHGEWÄSSER:	Tümpel, Teiche, Gartenteiche
WINTERQUARTIERE:	in Erdspalten, zwischen Kellerwand und Erdreich, in feuchten Kellern,
NAHRUNGSSPEKTRUM:	im Wasser alle kleineren Wassertiere, an Land Asseln, Spinnen, Insekten, Würmer, kleine Schnecken

Bergmolch (*Triturus alpestris*)
Der Bergmolch hat eine sehr ähnliche Lebensweise wie der Teichmolch, kommt aber nur in höheren Mittelgebirgslagen und den Alpen vor. Er bevorzugt kältere Gewässer als der Teichmolch, wandert aber auch in passende Gärten bzw. Gartenteiche ein. Zur Laichzeit haben die Männchen eine orangefarbene Bauch- und bläuliche Rückenseite, aber keinen Kamm. Ansonsten sind sie an der Oberseite schwarzbraun (Weibchen) und mattschwarz (Männchen), etwas größer und walzenförmiger als der Teichmolch. Nachts suchen sie in der Umgebung an Land nach Asseln, Würmern und kleinen Nacktschnecken.

Fadenmolch *(Triturus helveticus)*
Der Fadenmolch sieht dem Teichmolch recht ähnlich, hat aber einen längeren, seitlich abgeflachten Schwanz und zur Paarungszeit keinen gezackten Kamm. Er bevorzugt schattige, klare und pflanzenarme Gewässer.

Kammmolch *(Trituris cristatus)*
Der Kammolch ist recht groß, schwarzbraun, mit körniger Haut. Er bevorzugt große pflanzenreiche Gewässer, akzeptiert aber auch große Gartenteiche, wo er sich zwischen den Pflanzen gut versteckt hält. Er geht erst im Spätsommer an Land.

Tipp *Auf ihren nächtlichen Wanderwegen fallen Molche in Kellerschächte, wenn man diese nicht mit feinen Netzen abdeckt. Sie suchen kühle und feuchte Stellen, wo sich ihre Beutetiere wie Asseln verstecken. Den Wiederaufstieg aus Kellerabgänge und Treppenschächten ermöglicht man ihnen mit einem langen rauen Brett am Rande der Stufen, auf dem sie wieder emporsteigen können.*

Feuersalamander *(Salamandra salamandra)*
Der schwarz-gelb gezeichnete Schwanzlurch kommt in fast ganz Europa in feuchten Waldgebieten, aber auch auf Wiesen und Weiden und in der Nähe von Siedlungen vor, wenn sich ein klares Fließgewässer, ein Bach oder Quelltümpel, in der Nähe befindet. Dieses benötigen sie für erfolgreiche Entwicklung der Larven. In künstlichen, von Pumpen betriebenen »Wasserläufen« kann man sie nicht ansiedeln.

Die Tiere paaren sich an Land. Das Weibchen geht nur zum Absetzen der Larven, die sich in ihrem Leib entwickelt haben, an den Gewässerrand. Die Larven tragen große Kiemenbüschel und entwickeln sich im Wasser.

Die erwachsenen Tiere sind vorwiegend nachts unterwegs, da sie die Feuchtigkeit lieben. Nur an trüben Regentagen kann man sie auch mal tagsüber antreffen. Von Säugetieren werden sie in der Regel nicht gefressen, denn ihre Haut sondert ein schwachgiftiges, auf den Schleimhäuten der Angreifer brennendes Sekret ab. Manche Vögel schreckt das jedoch nicht.

Feuersalamander fressen Asseln, Spinnen, Insekten, Würmer und kleine Nacktschnecken. Tagsüber verstecken sie sich in Spalten von schattig gelegenen Trockenmauern, in Erdhöhlen, unter Moos und Laub. Im Winter ziehen sie sich oft zu mehreren in frostfreie Verstecke tief in der Erde zurück.

STECKBRIEF: Feuersalamander *(Salamandra salamandra)*

URSPRÜNGLICHER LEBENSRAUM:	Wald, Umgebung von klaren Bächen und Quellen
ERSATZLEBENSRAUM:	abwechslungsreiche Kulturlandschaften und naturnahe Gärten mit passenden Laichgewässern in der Nähe
LAUFWEGE:	bei Nacht entlang von Mauern, Hecken, Staudenbeeten, Wiesenstreifen
SCHLAFQUARTIER BEI TAG:	im Schatten unter Laub, Moos, Totholz, Steinen
LAICHGEWÄSSER:	klare kühle Quelltümpel und Bäche, manchmal auch gefasste Quellen und saubere Viehtränken mit fließendem, sauerstoffreichem Wasser
WINTERQUARTIERE:	in tiefen Erdspalten, unter Baumwurzeln, zwischen Kellerwand und Erdreich, in feuchten Kellern und Höhlen
NAHRUNGSSPEKTRUM:	im Wasser alle kleineren Wassertiere, an Land Asseln, Spinnen, Insekten, Würmer, kleine Schnecken

Tipp *Feuersalamander haben individuelle Fleckenmuster, die sich im Verlauf ihres bis zu zehn Jahre währenden Lebens nicht verändern. So kann man die ortstreuen Tiere im eigenen Garten mithilfe von Fotos oder Skizzen gut wiedererkennen.*

Unbeliebte nächtliche Besucher

Auch der toleranteste Gärtner und Naturliebhaber kennt Tiere, die er in seinem Garten lieber nicht sehen möchte. Dazu gehören z. B. Nacktschnecken und Stechmücken. Aber auch Kaninchen, Rehe und Wildschweine können einem den Spaß an frisch Gepflanztem verderben. Kann man die größeren mit geeigneten Zäunen aussperren, helfen bei den kleinen Tieren nur vorbeugende Maßnahmen und die Wahrung eines ökologischen Gleichgewichts im Garten und in der Umgebung. Nur so nehmen einzelne Arten nicht überhand und werden nicht zu »Schädlingen« des Gärtners. Stechmücken oder Nacktschnecken sind aus Menschensicht sehr entbehrlich, haben in der Natur aber wichtige Funktionen. Mehr über ihre Lebensweise zu wissen, ist spannend und hilft dabei, die unerwünschten Gartengäste in ihre Schranken zu weisen.

Vorbeugen und Abwehren

Zum einen ist das Vorbeugen die wichtigste Maßnahme gegen Stechmücken: Regentonnen werden mit einem Deckel oder Moskitonetz verschlossen, Gefäße stets umgedreht gelagert, Wasserpfützen ausgetrocknet. Im Gartenteich oder Sumpfbeet werden die natürlichen Feinde gefördert, indem man z. B. die Sumpfzonen erweitert und bepflanzt, ein natürliches Umfeld schafft und viele Elemente, die einen naturnahen Garten ausmachen, integriert. Auf diese Weise erreicht man, dass auch die natürlichen Feinde der Mückenlarven den Teich besiedeln.

Gegen Stechmücken, die von weiter herkommen (meist nicht weiter als ein bis zwei Kilometer) kann man gegebenenfalls durch Aufklärung anderer Grundstücksbesitzer etwas erreichen.

Ansonsten muss man sich im Freien mit geeigneten Mückenschutzmitteln schützen. Eine Vielzahl von Stoffen zum Auftragen auf die Haut ist jedoch nicht unbedenklich, viele Sprays sogar gesundheitsschädlich und im Freien unwirksam. UV-Lampen verbieten sich von selbst, denn darin kommen alle anderen Insekten um, bloß keine Stechmücken. Ultraschallsender verstören eine Vielzahl von Tieren, einschließlich der eigenen Haustiere, und helfen nachweislich nicht gegen Mücken. Da sich die Tiere über Distanzen am Geruch orientieren, muss man sie entsprechend verwirren oder abschrecken. Natürliche Duftstoffe, die Pflanzen gegen Insekten entwickelt haben, lassen sich durch Anzünden der Kräuter als Rauch am besten verbreiten. Wermut, Beifuß, Eisenkraut und Thymian kann man als Büschel anzünden und in Feuerschalen oder auf dem Grill auf Räucherkohle legen. Räucherstäbchen (achten Sie hier auf die Inhaltsstoffe!) kann man in Beete und Blumentöpfe stecken und anzünden. Je nach Wind kann man auf diese Weise eine Barriere errichten, die Mücken abhält.

Wer den Rauch nicht mag, kann aber auch ein Moskitonetz um den Sitzplatz herum drapieren. Dies hat den Vorteil, dass man keinen Rauch benötigt, der alle Insekten abschreckt und auch für viele andere Tiere und Menschen zu intensiv riecht.

Stechmücken

Stechmücken *(Aedes)* werden nicht von Licht angezogen, sondern vom Körpergeruch warmblütiger Tiere. Sie sind zwar nachtaktiv, Lampen locken sie aber, anders als viele Menschen glauben, in keiner Weise an. Die lästigen Blutsauger können einen lauen Sommerabend oder eine Sommernacht gehörig verderben. Dabei sind es nur die befruchteten Weibchen, die auf eine Blutmahlzeit angewiesen sind, damit sich ihre Eier entwickeln können. Die Männchen saugen Nektar oder fressen im Laufe ihres kurzen Lebens als erwachsene Tiere nichts. Die im Süßwasser lebenden Larven spielen eine wichtige Rolle im Haushalt der Natur, z. B. als erste Nahrung für Libellenlarven, Molche und viele andere Wassertiere. In einem richtig angelegten und bepflanzten Gartenteich haben Mückenlarven so viele Feinde, dass kaum eine zur fertigen Stechmücke wird. Anders sieht das in offenen Regentonnen, wassergefüllten Eimern und Pfützen aus. Hier lauern keine natürlichen Feinde und die Larven können sich ungestört binnen kurzer Zeit entwickeln.

Doch auch die Mücken sind wichtige Nahrungsquellen für Fledermäuse und Vögel, Frösche und Kröten, Libellen, Wespen und andere Raubinsekten. So wird sich in einem ökologisch ausgewogenen Umfeld kaum eine Mückenplage einstellen, es sei denn, man lebt in der Nähe eines Auwalds oder eines Flussufers mit wechselndem Wasserstand. Wer dort im Sommer nachts bei offenem Fenster schlafen möchte, muss ein Insektenschutzgitter vor das Fenster montieren (oder in den Rollladenkasten einbauen).

Tipp *Vorsicht beim Räuchern! Der Rauch von Kohle und verbrannten Kräutern ist gesundheitlich nicht unbedenklich und sollte daher nicht eingeatmet werden. Zum einen entwickeln sich gesundheitsschädliche Rauchgase, zum anderen reagieren manche Menschen, besonders Asthmatiker, auch allergisch auf die Inhaltsstoffe der Kräuter. Dies gilt auch für frisch ausgestreuten Rindenmulch, der mit seinem harzigen Duft einige Tage lang Insekten abschreckt, allerdings nicht nur Stechmücken!*

Stechmückenweibchen werden vom Geruch des Kohlenstoffdioxids (CO_2), das Menschen und Tiere beim Ausatmen von sich geben, angelockt. Im Nahbereich reagieren sie dann auch noch auf Buttersäure, die von Menschen in unterschiedlicher Konzentration im Schweiß vorhanden ist. Dies erklärt, warum manche Menschen häufiger belästigt und gestochen werden als andere.

Tipp *Insektenkiller-Lampen sind nicht(!) umweltfreundlich, auch wenn sie ohne Chemie und mit Solarenergie funktionieren! Die Geräte locken mit ihrem kurzwelligen Licht viele Insekten an, auch seltene Arten, und locken sie in den Tod. Der Einsatz dieser Lampen ist im Freien verboten. Dennoch darf der Handel die Geräte derzeit noch verkaufen.*

Wegschnecken

Neben den selteneren heimischen Arten der Wegschnecken *(Arionidae)*, die meist keine großen Schäden anrichten, hasst der Gärtner besonders die Spanische Wegschnecke *(Arion lusitanicus)*. Sie wurde vor etwa 60 Jahre mit Gemüse aus Südeuropa bei uns eingeschleppt und hat sich erstaunlich gut an die kühleren Verhältnisse in Mitteleuropa angepasst. Inzwischen ist sie zu einer echten Bedrohung für heimische Schnecken mit und ohne Gehäuse (»Nacktschnecken«) geworden, da sie das gleiche Nahrungsspektrum hat, aber auch, weil bei der Schneckenbekämpfung wahllos alle Schnecken getötet werden. So werden die heimischen Wegschnecken, aber auch Gehäuseschnecken (Weinbergschnecke, Schnirkelschnecke und andere Gattungen bzw. Arten) immer seltener, sodass das ökologische Gleichgewicht bei den Weichtieren empfindlich gestört ist. Denn Wegschnecken machen sich nicht nur über frisch gepflanzten Salat her, sie vertilgen auch faule Pflanzenteile, Fallobst, Pilze, Hundekot, tote Artgenossen und vieles weitere, was der Gärtner nicht in seinem Garten haben möchte.

Wer in der Nähe eines »Hundewegs« mit den entsprechenden Hinterlassenschaften wohnt, Schnecken mit Bierfallen bekämpft und Katzenfutter draußen stehen lässt, lockt Schnecken aus einem Umkreis von hundert und mehr Metern an. Im eigenen Kompostbehälter und

Fliegen

Die Gruppe der Echten Fliegen *(Muscidae)* ist, bis auf die beißenden Bremsen, völlig harmlos und allenfalls lästig. Stubenfliegen sind lediglich hinter süßen Speisen her, Schmeißfliegen und Dungfliegen extrem unhygienisch, da sie ihre Eier in Kadaver legen und auch auf Kot herumkrabbeln. Stubenfliegen sind tagaktiv und nur intensive Beleuchtung weckt sie auf und lockt sie an die Lichtquellen. Bremsen sind meist nur an windstillen, feuchten Nachmittagen und am frühen Abend aktiv. In der Regel stechen sie Pferde und Kühe und kommen auch nur in ländlichen Gegenden mit Viehbestand und stehenden Gewässern vor.

Die größte Zahl der gemeinhin »Fliegen« oder fälschlich auch »Mücken genannten Zweiflügler ist für uns Menschen völlig harmlos, im Naturhaushalt dagegen unverzichtbar.

Eintagsfliegen *(Ephemeroptera)* verbringen den gesamten Lebenszyklus als Larven im Wasser und entwickeln sich nur zum fliegenden Insekt, um sich zu paaren und die Eier im Wasser abzulegen. Die fliegenden und sterbenden Tiere sind ein Festmahl für Fische, Amphibien und Vögel. Eintagsfliegen werden magisch von weißem Licht (mit Blauanteilen) angezogen und verenden dann massenweise unter Laternen.

Auch die langbeinigen Kohlschnaken *(Tipula spec.)*, die sich, vom Licht angezogen, gerne im Haus verirren, sind völlig harmlos und leben nur kurz als ausgereiftes Insekt. Sie bevorzugen Wiesen und Felder als Lebensraum und können weder stechen noch beißen.

Schwebfliegen *(Syrphidae)* sind tagaktiv und wichtige Bestäuber, jagen aber so manchem Unwissenden einen Schrecken ein, weil sie mit ihrer Körperzeichnung Wespen nachahmen.

Bevor man also Angst vor Insekten bei Tag oder Nacht hat, sollte man sich mithilfe eines Bestimmungsbuchs (Literaturtipps siehe Seite 192) einen Überblick verschaffen, welche Tiere wirklich problematisch sind.

Hügelbeet vermehren sie sich dann besonders gut. Wer Schneckengift verwendet, tötet auch viele weitere Tiere oder raubt ihnen die Nahrung. Denn es gibt erstaunlich viele Tiere im Garten, die Schnecken auf ihrem Speisezettel haben, zumindest, wenn diese noch nicht zu groß geworden sind. Dazu gehören Spitzmäuse, Maulwürfe, Igel und Füchse, einige Vogelarten (Enten, Hühner, Elstern, Krähen, Stare, Drosseln), Eidechsen und Blindschleichen, Frösche, Kröten und Molche, Glühwürmchen, Laufkäfer und andere Käfer bzw. deren Larven, Hundertfüßer, Raubspinnen und Weberknechte.

Es würde zu viel Platz beanspruchen, hier alle naturverträglichen Schneckenabwehrmethoden aufzuführen. In einem naturnahen Garten mit großer Artenvielfalt werden Schnecken jedenfalls nicht zur Plage, sondern sie kommen in verträglicher Anzahl vor und erfüllen dort durchaus nützliche Aufgaben. Die Nutzpflanzen kann man mit Schneckenzäunen schützen oder in schneckensicheren Hochbeeten anbauen.

Tipp *Die Spanischen Wegschnecken im eigenen Garten zu sammeln und in Wald und Feld auszusetzen, sollte eigentlich verboten sein, denn es handelt sich dabei um eine Faunenverfälschung, die unsere heimischen Schneckenarten massiv gefährdet. Außerdem müsste zumindest der jeweilige Grundstücksbesitzer vorher um Erlaubnis gebeten werden.*

Wildkaninchen

In Gegenden mit lockerem sandigen Boden können Kaninchen *(Oryctolagus cuniculus)* in großer Zahl vorkommen. Sie fressen gerne an Nutz- und Zierpflanzen in Parks, auf Friedhöfen und in Gärten. Als ursprünglich dämmerungsaktive Tiere gehen sie in beleuchteten Siedlungen auch nachts zum Fressen aus ihrem Bau. Sie graben sich unter Zäunen durch und können schon mal den ganzen Gemüsegarten leer putzen. Deshalb sollte man zumindest die Nutzpflanzenbeete mit einem Zaun schützen und an den Obstbäumen eine Manschette als Verbissschutz anbringen.

Da sich die Tiere nie sehr weit von ihrem Bau entfernen, muss man diesen finden und, falls im eigenen Garten, aufgraben und die Tiere so vertreiben. Die Nutzpflanzenbeete kann man als Hochbeete (mindestens 80 Zentimeter Höhe) anlegen oder mit Kaninchendrahthauben schützen. Natürliche Feinde sind Greifvögel und Eulen sowie Fuchs, Iltis, Marder und Wiesel, die in die Baue gehen und die Tiere dort fangen. Deshalb ist ein naturnaher Garten, der den natürlichen Feinden genügend Deckung bietet, der beste Schutz vor den Nagern. Greifvögeln wie dem Mäusebussard kann man die Jagd mit hohen Sitzwarten (Bäume oder Sitzstangen) erleichtern.

Tipp *Der deutlich größere Feldhase* (Lepus europaeus), *ein entfernter Verwandter des Wildkaninchens, ist sehr scheu und aufgrund intensiver Landwirtschaft und Bejagung selten geworden. Er nagt Obstbäume auf Streuobstwiesen an, kommt aber in Siedlungen selten vor und richtet in Gärten keine Schäden an. Als Jungtier hat er die gleichen Feinde wie das Wildkaninchen, ausgewachsen ist er aufgrund seiner Größe und Schnelligkeit deutlich schwieriger zu fangen. Nur die Junghasen sind gefährdet, denn sie werden von der Mutter im hohen Gras oder inmitten des Getreides abgelegt und flüchten nicht bei Gefahr durch Feinde oder Mähdrescher.*

Europäisches Reh

Zum Kulturfolger geworden, kommt das Europäische Reh *(Capreolus capreolus)* überall vor, wo Nutzpflanzen angebaut werden und etwas Deckung in Form von Hecken, Feldholzinseln oder Wald vorhanden ist. Eigentlich tagaktiv, hat sich das Reh in Menschennähe zum dämmerungsaktiven Pflanzenfresser entwickelt. Im Morgengrauen, in der Abenddämmerung und manchmal auch zur Mittagszeit (wenn der Mensch am Tisch sitzt!) sieht man Rehe in direkter Nähe äsen. In Siedlungsnähe unterscheiden sie genau zwischen Zweibeinern mit und ohne Hund, Auto- und Radfahrern, Joggern und Spaziergängern und stellen ihre Fluchtdistanz entsprechend ein.

Rehe besuchen auch Parks und Grünflächen sowie Gärten, wenn keine Gefahr droht. Übliche Zäune von 120 Zentimeter Höhe überspringen sie mühelos und so hat sich schon mancher Gartenbesitzer gefragt, wer seine frisch gepflanzten Salate, Rosen oder die Rinde der jungen Obstbäume abfrisst. Dabei sind die Tiere recht wählerisch und nagen am liebsten Knospen, frische Triebe und zarte Kräuter.

Gegen Rehe im Garten helfen nur höhere Zäune, wobei man auch alle Gartentore in der Höhe anpassen sollte. Größere Durchschlupfmöglichkeiten unter dem Zaun sollte man verschließen, jedoch noch kleine Lücken von etwa zehn mal zehn Zentimetern für Igel und andere Kleinsäuger lassen (siehe Seite 127). Wer einen Hund hat, kann probieren, ob er die Rehe vertreibt. Dazu muss man ihn nicht jede Nacht draußen lassen, denn die Rehe merken sich das einige Zeit.

Förster wenden als Verbissschutz auch Geruchsstoffe an, die allerdings auch für uns unangenehm riechen und öfter erneuert werden müssen. Die Farbe Blau, als Reflektor oder Wimpel an der Grundstücksgrenze angebracht, soll die Tiere ebenfalls erschrecken.

Wildschwein

Überall dort, wo die natürlichen Feinde (Wolf, Luchs) des Wildschweins ausgerottet wurden und das Nahrungsangebot hoch ist, kann das Europäische Wildschwein *(Sus scrofa)* in erstaunlicher Dichte vorkommen. Da die Jagd in Siedlungsnähe erschwert und in bewohnten Gebieten verboten ist, haben sich die schlauen Tiere angepasst. Ursprünglich tagaktive Waldbewohner, halten sie sich gerne in Siedlungsnähe auf, wo sie nachts auch in Gärten eindringen, wenn es dort etwas zu fressen gibt.

Wildschweine sind ziemlich wehrhafte Tiere, sodass man sie nicht auf eigene Faust vertreiben sollte. Auch viele Hunde sind ihnen schon zum Opfer gefallen. Da hilft es nur, einen wildschweinsicheren Zaun um das Grundstück zu spannen. Er muss dazu etwa 40 Zentimeter tief, L-förmig nach außen weisend eingegraben werden, denn die Tiere wühlen sich unter üblichen Zäunen einfach durch. Leider sperrt man mit dieser Methode auch viele andere Tiere, wie z. B. Igel, aus.

Tipp *Wildschweine haben einen fantastischen Geruchssinn und werden von bestimmten Nutzpflanzen wie Kartoffeln, Topinambur und anderen Wurzeln, besonders aber von Hunde- und Katzenfutter, Essensresten und anderen Abfällen angezogen. So ist das Vermeiden attraktiver Düfte im Garten noch die einfachste Lösung, sich vor Wildscheinen zu schützen.*

Einen vorhandenen Zaun kann man mit Baustahlmatten, die man ebenfalls etwa 40 Zentimeter tief im Boden versenkt, sichern. Durch die weiten Maschen können Igel und andere kleine Tiere schlüpfen. Viehzäune mit Batterie sind ebenfalls igelfreundlich, helfen aber nur selten gegen Wildschweine, denn die erwachsenen Tiere spüren die elektrische Entladung durch ihre dichtes Fell und dickes Fettgewebe nicht sehr stark.

Wanderratte

Der ehemaligen Erdbaubewohner der innerasiatischen Steppe *(Rattus norvegicus)* hat sich erstaunlich schnell an das Zusammenleben mit dem Menschen angepasst. Mit dem Warenhandel per Schiff (vermeintlich aus Norwegen kommend, deshalb der Artname) haben sich die intelligenten Tiere seit Jahrhunderten über die ganze Welt verbreitet und gelernt, dass es in der Nähe der Menschen Ersatzbehausungen wie Kanalrohre, Keller und Müllhalden gibt. Ihre Lernfähigkeit und ihr erstaunliches Sozialverhalten machen Wanderratten so erfolgreich und schwierig zu bekämpfen. So schickt eine Sippe, meist aus 60 und mehr Tieren bestehend, erst ein junges Männchen als Vorkoster zum Probieren, wenn ein unbekanntes Futter bzw. ein Köder entdeckt wird. Geduldig warten die übrigen Tiere der Großfamilie stundenlang ab, ob das Gefressene bekömmlich ist. Zeigt der Vorkoster Zeichen von Übelkeit an, wird der Köder fortan von allen gemieden. Mit Ködern lassen sich Ratten daher nur bekämpfen, wenn das Gift mit großer Zeitverzögerung wirkt.

Die nachtaktiven Tiere sind erfindungsreich und haben sich viele Nahrungsquellen der Menschen erschlossen, angefangen von Fischreusen, Vieh, Geflügel und pflanzlichen Vorräten. Schätzungsweise ein Fünftel der Welternte wird von Wanderratten verzehrt. Kommen in Entwicklungsländern etwa fünf Ratten auf einen Menschen, ist es bei uns etwa eine pro Einwohner. Der Umgang mit Abfällen, rattensichere Vorratslager und hygienische Bedingungen bestimmen die Anzahl der Ratten. Doch auch in unseren Großstädten, wo es viele unterirdische Versteckmöglichkeiten gibt und natürliche Feinde fehlen, leben viele Wanderratten.

Wanderratten leben in großen Verbänden und haben ausgeklügelte Sozialstrukturen. Die Mütter ziehen ihre Jungen gemeinsam in einem Wurflager groß und kümmern sich auch um verwaiste Jungen, falls deren Mutter umkommt.

In ländlichen Gegenden haben die nachtaktiven Tiere viele natürliche Feinde (Steinmarder, Iltis, Fuchs, Eulen, Wildkatze) und sind daher seltener. Ihre Anwesenheit verrät sich durch unterirdische Verstecke mit mehreren Ausgängen. Unter Komposthaufen und in Wassernähe fühlen sich Ratten besonders wohl. Essensreste sollte man daher nie auf den Kompost geben und auch kein Hunde- oder Katzenfutter draußen aufstellen. Nächtliche Aufnahmen belegen, dass sich viele »Stubentiger« von Ratten einschüchtern lassen und ihnen das Futter kampflos überlassen.

Da Ratten sehr vorsichtige Tiere sind, wird man sie selbst nachts kaum zu Gesicht bekommen. Wer einen Verdacht hat, kann einen Fachmann (Kammerjäger) nachsehen und Lebendfallen aufstellen lassen.

Tipp *Die Hausratten* (Rattus rattus), *nahe Verwandte der Wanderratte, verbreiteten sich ebenfalls mit wandernden Menschen und auf Schiffen über die gesamte Welt. Die grau gefärbten zierlichen Kletterer hausen natürlicherweise auf Bäumen und Büschen, aber auch in Dachstühlen. Sie ernähren sich vorwiegend vegetarisch, können aber viel mehr Vorräte durch Annagen vernichten, als sie selbst fressen. Als Wirtstier des Pestflohes waren sie einst sehr gefürchtet, doch heute stehen sie in Deutschland wegen Wohnungsmangels auf der Roten Liste der vom Aussterben bedrohten Arten.*

Hauskatze

Die Hauskatze *(Felis silvestris catus)* ist dämmerungsaktiv und besucht ihr Revier regelmäßig. Mit Duftmarken aus Urin klären Männchen wie auch Weibchen untereinander, wem welches Grundstück »gehört«. Dabei halten sie sich nicht an die von Menschen vorgegebenen Grenzen aus Zäunen oder Hecken.

Frisch geharkte und unbedeckte Beete werden von Katzen gerne als Toilette benutzt. Hier kann ein vorübergehend aufgelegtes Netz, ein Kaninchendraht oder ein Vlies Abhilfe schaffen. Ist das Beet einmal dicht bewachsen, wird es in der Regel auch nicht mehr benutzt, denn Katzen brauchen Platz und Rundumsicht bei ihrem »Geschäft«.

Wer eine eher spärliche Zierbepflanzung liebt, kann größere Steine oder Kiesel zwischen die Pflanzen legen. Auch grober Kalksplitt und Schotter werden von Katzen nicht als »Einstreu« gesehen. Denn Katzen scharren ihren Kot fast immer zu. Ist das Material zu grobkörnig, wird es nicht als Toilette benutzt. Hochbeete ab etwa 50 Zentimeter Höhe werden ebenfalls gemieden. Finden sich hier offen liegende Kothaufen, stammen diese meist von Mardern.

Sandkästen für Kinder deckt man abends mit einem Netz oder Drahtgitter ab, so können sie weder von Katzen noch von Mardern missbraucht werden.

Wer eine Katze von seinem Grundstück vertreiben möchte, greift am besten zu Wasserschlauch oder Wasserpistole. Allerdings lernen manche Katzen auch, diese Attacke mit dem ausführenden Menschen zu verknüpfen. Alle anderen Vergrämungsmethoden (wie Verpiss-dich-Pflanze, Duft, Ultraschall) sind wirkungslos. Aus dem Garten fernhalten lassen sich Katzen bestenfalls mit Zäunen, die für Raubtiergehege entwickelt wurden und in Wohngebieten nicht zulässig sind.

Besser schützt man gefährdete Vögel zur Brutzeit, indem man z. B. Katzenabwehrgürtel oder glatte Manschetten an Nistbäumen anbringt. Dagegen sind umgehängte Glöckchen kein Schutz für Jungvögel, sondern nur Quälerei für die Katze. Der am Boden hockende Jungvogel kann ja nicht wegfliegen, wenn er die Katze hört oder sieht. Die Katze hört dagegen ständig das Glöckchen, aber viel lauter und mit weit höheren Frequenzen (auch Ultraschall), als das menschliche Ohr wahrnehmen kann.

Zauneidechsen hilft eine Abdeckung aus Kaninchendraht über dem Sonnenplatz, einem Steinhaufen oder einer Trockenmauer.

Wenn man sich klarmacht, dass nicht nur Katzen, sondern auch Füchse, Waschbären, Marder, Bilche, Ratten und Eulen auf Beutezug sind und die Beutetiere sich längst daran angepasst haben, kann man den Verlust eines erbeuteten Vogels im eigenen Garten vielleicht etwas entspannter sehen, auch wenn es im Einzelfall traurig ist.

Tipp *Für frei laufende Katzen (Männchen und Weibchen) gibt es in vielen Bundesländern eine Kastrationspflicht. Sie soll unkontrollierte Vermehrung verhindern. In ländlichen Gebieten mit Wald besteht zudem die Gefahr der Kreuzung mit der Europäischen Wildkatze* (Felis silvestris silvestris), *die nicht erwünscht ist.*

Schutz vor Katzen

Tiergruppe/Objekt	Schutzmaßnahme	Vorteile	Nachteile
Vogelnester, Nistkästen	Katzenabwehrgürtel, Kranz aus dornigen Zweigen am Stamm, glatte Manschetten	leicht am Baumstamm zu befestigen	nur bei einzeln stehenden Bäumen wirksam
Vögel an Tränke und Futterplatz	erhöht aufstellen, gute Rundumsicht gewährleisten	Vögel sehen Katzen schon von Ferne	Greifvögel (Sperber, Falken) haben gute Chancen
flugunfähige Jungvögel	Jungvogel aufheben und in nächsten Busch setzen	Jungvogel ist so auch vor anderen Beute-greifern geschützt	keine!
Eidechsen, Blindschleichen, Schlangen	Sonnenplätze mit einer großen Draht-haube schützen	Katzen können nicht nach den Echsen angeln	Drahthaube wirft etwas Schatten
Frösche, Kröten, Salamander, Molche	keine nötig, Tiere sondern giftiges Sekret ab		
Fische im Gartenteich	Teich vergrößern und schützende Sumpf-zone bepflanzen	Teich wird naturnä-her, Tiere können sich besser verstecken	keine
Nutzpflanzenbeete	nach dem Harken mit Folientunnel, Gitter oder Vlies abdecken; Lücken nach der Ern-te sofort bepflanzen	hindert auch Vögel am Scharren; Vlies und Folie schützen die Pflanzen vor Kälte und Austrocknen	Abdeckung muss kontrolliert und rechtzeitig wieder entfernt werden
Staudenbeete	dicht bepflanzen; kahle Stellen mit Steinen, Platten, Holzstücken oder groben Hackschnit-zeln bedecken	schützt auch vor scharrenden Vögeln; Bodenschutz gegen Verschlämmen, Austrocknen, Unkraut	keine
Sandkasten	nach dem Spielen mit Netz, Gitter oder Deckel abdecken	schützt auch vor Mardern und anderen nächtlichen Besu-chern	keine

Rechtliches zu Katzen und Gärten

Katzenhalter und mit ihnen auch viele Richter sind der Meinung, dass Katzen im Gegensatz zu Hunden frei herumlaufen und andere Grundstücke besuchen dürfen. Dass sie dabei in die Beete koten und Vögel jagen, muss man dulden, da es sich dabei nicht um eine Besitzstörung handelt. Allerdings darf man fremde Katzen auch von seinem Grundstück vergrämen, solange man den Tieren dabei keinen Schaden zufügt. Frei laufende Katzen werden von den meisten Richtern wie Wildtiere behandelt. Nur wenn der Nachbar unverhältnismäßig viele Katzen hält, kann das als Störung angesehen werden, die aber möglichst friedlich geregelt werden sollte.

Haushund

Unser Haushund *(Canis lupus familiaris)* ist ein direkter Nachfahre des Wolfs, was man vielen Rassen allerdings nur noch schwer ansieht. Kleinere, junge und aktive Hunde stöbern tagsüber eine Menge Wildtiere wie Eidechsen, Jungvögel und Igel im Garten auf. Allerdings kann man Hunde erziehen und ihre Aktivitäten am Tag kontrollieren. Nachts wird man seinen Hund nicht regelmäßig frei im Garten herumlaufen lassen, auch wenn er dann so manchen unerwünschten Besucher wie Steinmarder, Waschbär, Wildkaninchen und Reh vertreiben kann.

Fremde frei laufende Hunde kann man durch einen Zaun aussperren. Problematisch kann es sein, wenn diese ihren Kot an der Grundstücksgrenze absetzen und damit jede Menge Wegschnecken anlocken.

Naturnaher Garten und Hund können funktionieren, dazu muss der Hund aber so erzogen werden, dass er alle Tiere im Garten ignoriert und stets an der Seite des Menschen bleibt. Wenn das bei Anwesenheit seines »Herrchens« oder »Frauchens« funktioniert, heißt das aber noch lange nicht, dass sich der Hund auch bei deren Abwesenheit daran hält.

Verhaltensforscher haben untersucht, warum sich auch gut erzogene Hunde im Dunkeln nicht an gelernte Verbote halten: Sie können die Perspektive »ihres« Menschen einnehmen und wissen, dass dieser im Dunkeln nichts sieht. Genauso tun sie Verbotenes, wenn der Mensch die Augen schließt oder ihnen den Rücken zudreht.

Beleuchtung im naturnahen Nachtgarten

Am Abend ist der Aufenthalt im Garten schön und entspannend. Ohne Licht stört man keine Tiere und die eigenen Augen gewöhnen sich bald ans Dunkel, wenn man zwei bis drei Minuten wartet. Das Menschenauge ist sehr anpassungsfähig, denn ein Spaziergang ist im Mondlicht ebenso möglich wie im hellen Sonnenlicht. Wirklich dunkel ist es in Siedlungen ohnehin selten. Straßenlaternen und Lampen von Nachbarn erhellen meist auch den eigenen Garten in Teilen und das Licht kann sogar ziemlich stören.

Im Dunkeln und ohne künstliche Beleuchtung ist der Mensch bei verschiedenen Aktivitäten jedoch auch eingeschränkt. Farbsehen ist nur bei Tages- oder Kunstlicht möglich. An Arbeitsplätzen und zum

Wegleuchten sollten ausschließlich nach unten und zur Seite strahlen, sodass zwar der Weg erkennbar ist, sie aber weder blenden noch Insekten anlocken.

Lesen benötigt man etwa 300 Lux und eine gute Qualität der Farbwiedergabe. Im Straßenverkehr sind für Fußgänger etwa 0,5 Lux in Anliegerstraßen ausreichend und bis zu 10 Lux in stärker frequentierten Fußgängerbereichen angestrebt.

Im eigenen Garten erhöht eine durchdachte Beleuchtung nicht nur die Sicherheit oder ermöglicht uns, draußen zu essen, zu lesen oder uns zu bewegen. Eine schöne Beleuchtung kann auch ein Gefühl von Entspannung, Zufriedenheit und Naturnähe erzeugen. Doch sollten wir dabei immer auch an andere Lebewesen denken, die durch künstliches Licht bei Nacht gestört, geschädigt oder sogar getötet werden.

Von künstlichem Licht werden viele nachtaktive Insekten magisch angezogen. Sie fliegen die Lichtquellen immer wieder an, verlieren die Orientierung, nehmen keine Nahrung auf, paaren sich nicht oder verenden an den Lichtquellen. Die ökologischen Schäden, die durch künstliche Beleuchtung von Straßen, Häusern, durch Scheinwerfer und andere Lichtquellen entstehen, sind kaum abzuschätzen. Wie so oft gilt es, einen guten Kompromiss zwischen den eigenen Bedürfnissen und dem Umwelt-, Natur- und Artenschutz zu finden. Daher ist es wichtig, sich erst über die verschiedenen Lichtarten und Beleuchtungsmöglichkeiten zu informieren.

Tipp *Nicht nur elektrisches Licht, auch Dachfenster, Lichtkuppeln und Glasdächer können zur Insektenfalle werden. Da sich die Tiere immer am hellsten Punkt orientieren, finden sie hier keinen Ausweg. Deshalb sollten Dachfenster und Glaskuppeln zum Öffnen sein. Glas- bzw. durchsichtige Kunststoffdächer sollten eine Öffnung bzw. eine zu öffnende Dachluke am höchsten Punkt haben, damit die Insekten (aber auch Vögel) entweichen können.*

Drei Lichtarten

Drinnen wie draußen unterscheidet man zwischen Licht zum Sehen, Licht zum »Vorsehen« und Licht zum Ansehen. Zum Sehen braucht der Mensch eine gewisse Grundbeleuchtung. Je nachdem, welche Fläche, welche Gegenstände und wie scharf gesehen werden soll, unterscheidet sich die Beleuchtung in Helligkeit und Lichtfarbe. Es macht einen Unterschied, ob ich einen gedeckten Tisch stimmungsvoll beleuchten oder die Zeitung lesen möchte.

Licht zum »Vorsehen« dient der Sicherheit rund ums Haus, auf Wegen und Treppen, am Gartentor und an der Haustür. Hier sind oft helle, aber nur kurz geschaltete Lampen sinnvoll, z. B. mit einem Lichtschalter oder Bewegungsmelder. Das Licht verhindert Gefahren, schreckt ungebetene Gäste ab und steigert das subjektive Sicherheitsgefühl. Es sollte uns aber auch nicht blenden.

Licht zum Ansehen bringt die Ästhetik des Gartens zum Vorschein. Es kann sich dabei um ein schönes Leuchtobjekt inmitten der Pflanzen handeln, aber auch um Strahler, die einzelne Gehölze, Beete oder eine Skulptur anleuchten. Der Blick des Betrachters wandert über die erleuchteten Gartenzonen und Objekte, was zugleich die Sinne anregt und entspannt. Und auch der Blick von drinnen aus dem Fenster sieht den Garten vom düsteren Schwarz zum anregenden »Schaugarten« gewandelt.

Tipp *Punktuelle ästhetische Gartenbeleuchtung sollte man auf die Wintermonate beschränken, wenn keine Insekten fliegen. Im Sommer ist es lange genug hell, um auch ohne künstliches Licht den Garten genießen zu können.*

Lichtfarbe und Helligkeit

Licht lässt uns nicht nur sehen, es wirkt auch auf die Hormonproduktion und den Biorhythmus des Menschen (und ebenso auf Tiere). Blauanteile mit kürzeren Wellenlängen machen uns munter, während uns rötliches Licht mit längerer Wellenlänge müde macht. Auch die Farbwiedergabe ist von der Wellenlänge des verwendeten Lichts abhängig. Je natürlicher das Spektrum der Wellenlängen zusammengesetzt ist, je eher es also dem Tageslicht entspricht, desto besser ist die Farbwiedergabe. Umgekehrt kann man bei Verzicht auf gewisse Wellenlängen die Farben von Gegenständen verfremden bzw. intensivieren.

Sichtbarkeit und Farbigkeit setzen auch eine ausreichende Helligkeit der Beleuchtung voraus. Unser Auge ist jedoch enorm anpassungsfähig und kann sich innerhalb von Sekunden auf unterschiedliche Helligkeit einstellen. So scheint an einem sonnigen Sommermittag die Sonne mit bis zu 100.000 Lux, zum Lesen am Abend reichen uns dagegen 300 Lux. Bei Nacht kommen wir mit dem Mondlicht (0,3 Lux) aber auch noch gut zurecht und können einen Spaziergang durch den Garten machen.

Tipp *Lichtexperten raten, vor dem Zubettgehen auf helles Licht mit Blauanteilen zu verzichten. So sollten wir im Badezimmer abends und nachts gedämpftes warmes Licht verwenden, um den beginnenden Schlafrhythmus nicht zu stören. Morgens weckt uns eine helle kurzwellige »Lichtdusche« (z. B. im Badezimmer) sicher auf.*

Farbempfindlichkeit

Im Farbsehen Geübte (z. B. Maler und Fotografen) können wesentlich mehr Farbtöne wahrnehmen und benennen. Auffallend ist, dass das menschliche Auge gerade im Blaubereich in engen Wellenlängenbereichen Unterschiede wahrnimmt, während bei der Signalfarbe Rot nicht so stark differenziert wird. Dies hängt damit zusammen, dass kurzwelligeres Licht, also blaue Farbtöne, bei der Unterscheidung von Entfernungen eine wichtige Rolle spielen. Rot fällt dagegen sofort auf und rückt das betreffende Objekt optisch näher heran. Im Grünbereich ist die Empfindlichkeit des Menschenauges am größten, da wir für diese

Wellenlänge die meisten farbempfindlichen Sehzellen (Zapfen) haben (siehe Abbildung auf dieser Seite). Das ist für ein Säugetier wie uns, das ursprünglich aus dem Wald stammt, nicht weiter verwunderlich.

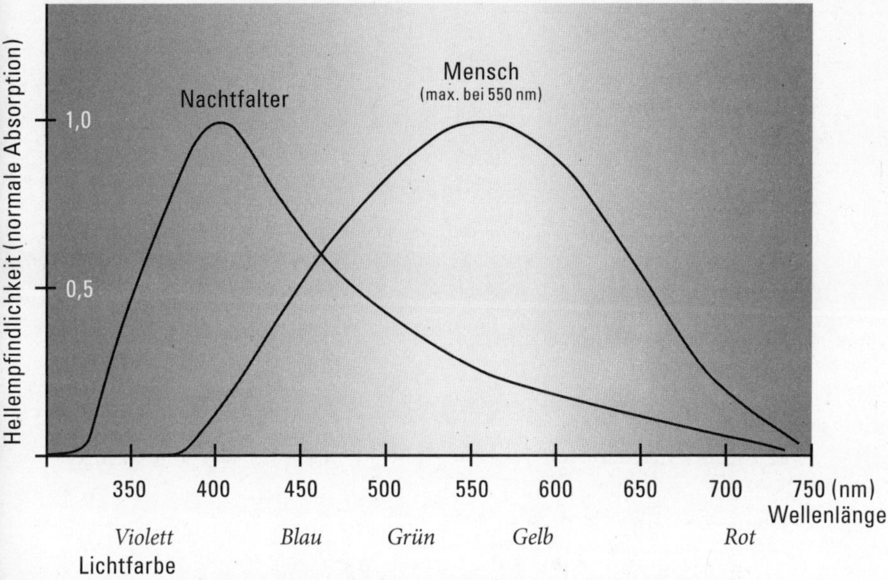

Tipp *Die Farbeindrücke entsprechen den Wellenlängen des Lichts, das von der Oberfläche des Objekts reflektiert wird und die Netzhaut des Auges erreicht. Dort befinden sich Rezeptoren für Rot, Grün und Blau, nicht aber für Gelb. Dieser Farbeindruck wird aus Rot und Grün »gemittelt«.*

Wellenlängen der für Menschen sichtbaren Farben

Farbnamen	Wellenlängenbereich (nm)*
Purpur-Blau	380 – 450
Blau	450 – 482
Grünlich-Blau	482 – 487
Cyan-Blau	487 – 492
Bläulich-Grün	492 – 497
Grün	497 – 530
Gelblich-Grün	530 – 560

Farbnamen	Wellenlängenbereich (nm)*
Gelb-Grün	560 – 570
Grünlich-Gelb	570 – 575
Gelb	575 – 580
Gelblich-Orange	580 – 585
Orange	585 – 595
Rötlich-Orange	595 – 620
Rot	620 – 780

*1 Nanometer (nm) entspricht 0,000000001 Meter (10^{-9} m)

Dämmerung

Darunter wird der Zeitraum verstanden, in dem noch gestreutes Restlicht der untergegangenen Sonne zu sehen ist. Die Streuung des Sonnenlichts geschieht an hohen Schichten der Erdatmosphäre. Die Lichtwellen werden an Luftmolekülen, Wassertröpfchen und Partikeln in der Luft in alle Richtungen gestreut. Zu welcher Uhrzeit die Sonne untergeht und die Dämmerung einsetzt, hängt vom Längengrad und damit der wahren Ortszeit ab. Pro Längengrad verschiebt sich der Sonnenuntergang um etwa 4 Minuten Richtung Westen. Wie lange die Dämmerung anhält, hängt vom Breitengrad ab. Am Äquator steht die Sonnenbahn steil am Horizont und die Sonne geht fast senkrecht unter. Die Dämmerung ist dadurch nur sehr kurz. Zu den Polen hin schneidet die Sonnenbahn den Horizont im flachen Winkel, sodass die Dämmerung hier länger dauert.

Lampen und Leuchten für den Garten

Wie bereits erwähnt, braucht man im Garten nur sehr wenig oder überhaupt kein Licht, um den Abend und die Nacht zu genießen. Je dunkler es ist, desto klarer nehmen wir die vielen Millionen Sterne und den Verlauf der Milchstraße wahr. Dieses Vergnügen haben viele Städter nicht, denn hier sieht man nur wenige helle Objekte am Himmel. So mussten schon viele Sternwarten in Städten schließen, da der Himmel hier nachts zu hell ist. Nachtaufnahmen aus dem Weltall zeigen deutlich, wo sich Städte mit elektrischer Beleuchtung befinden (mehr dazu auf Seite 187).

Für die Sicherheit beim Heimkommen, im Winter und zu Abendaktivitäten braucht man dennoch ab und an Licht. Dazu muss man sowohl den Standort, die Form der Leuchte als auch den geeigneten Lampentyp aussuchen. Doch bei der Fülle an angebotenen Lampentypen (auch Leuchtmittel oder Glühbirne genannt) ist die richtige Lampe vom Laien nicht einfach zu ermitteln. Man sollte sie immer im Zusammenhang mit der gewünschten Leuchte (in der Umgangssprache Lampe genannt) betrachten. Außerdem spielen Stromversorgung (230 V oder Niedervolt), IP-Schutzarten (siehe Tabelle auf Seite 181), gewünschte Helligkeit und Art der Beleuchtung (funktional oder ästhetisch) eine Rolle. Ebenso müssen Art der Schaltung (Schalter, Bewegungsmelder, Dimmer) sowie der Stromverbrauch bedacht werden.

Außenleuchten unterscheidet man in Strahler (ortsfeste und ortsveränderliche), Fluter (meist in Verbindung mit Bewegungsmeldern), Niedervolt-Gartenleuchten-Sets (deren Kabel auch oberirdisch verlaufen dürfen), Solarleuchten (ohne Kabel), Deckeneinbauleuchten (für den Dachüberstand des Hauses), Wandleuchten, Mast- und Pollerleuchten und wasserdichte Leuchten. Es gibt aber auch noch Lichterketten, Leuchtobjekte und offenes Licht (Kerzen, Fackeln, Feuer).

8
7
9
6
5
4
2
3
10
1
11

(1) **Eingangsweg** und **Zufahrt:** Funktionales bodennahes Licht, ggf. mit Bewegungsmelder, abhängig von vorhandener Straßenbeleuchtung. Auf gute Beleuchtung des Briefkastens bzw. der Zeitungsrolle achten. Die Zufahrt muss nicht beleuchtet werden, wenn sie ausschließlich mit dem PKW benutzt wird.

(2) **Haustür, Nebeneingang** und **Stufen:** Funktionale, bodennahe und blendfreie Stufenbeleuchtung.

(3) **Kurzfristige Beleuchtung:** des Türschlosses (Bewegungsmelder oder gut sichtbarer Lichtschalter). Dauerhafte, eventuell farbige Beleuchtung der Hausnummer.

(4) **Terrasse:** Funktionales blendfreies und nur nach unten abstrahlendes Licht, das von innen gesteuert werden kann. Steckdosen für variable Stehleuchten vorsehen.

(5) **Beete:** Ästhetisches Licht, versteckt zwischen Gräsern und Stauden, vorwiegend im Winter.

(6) **Gehölze:** Ästhetisches Licht, langwellige bzw. farbige Strahler, nur im Winter.

(7) **Wege, Teichrand:** Funktionales und ästhetisches Licht als Weg- bzw. Ufermarkierung. Nur bodennahe bzw. eingelassene, langwellige LED mit Bewegungsmelder oder Zeitsteuerung. Im Sommer meist nicht nötig.

(8) **Teich:** Ästhetisches Licht am Wasser bzw. zwischen der Ufervegetation. Im Sommer vermeiden. Auf Unterwasserbeleuchtung und Schwimmleuchten immer verzichten!

(9) **Nebensitzplatz, Pavillon, Gartenhütte:** Funktionale, mit Schaltern gesteuerte Beleuchtung zum Lesen, Essen, Arbeiten u. a. Steckdosen für mobile Beleuchtung vorsehen.

(10) **Fenster:** Im Sommer bei Innenbeleuchtung mit Vorhang oder Rollladen verdunkeln.

(11) **Vorgarten:** Ästhetische, zeitgesteuerte Beleuchtung im Winter, z. B. dezenter Weihnachtsschmuck.

Tipp *Für Ein- bzw. Ausfahrten braucht man keine Leuchten, wenn man die Wegränder mit reflektierenden Gegenständen, z. B. Pflanzkübeln aus silberfarbigem Metall, farbigen Glaskugeln, hellen Steinen oder grau- bzw. silberlaubigen Pflanzen markiert. Das von den Scheinwerfern bzw. der Rückfahrleuchte reflektierte Licht reicht dann zur Orientierung völlig aus.*

Gartenleuchten und ihre Verwendungsmöglichkeiten

funktionale Beleuchtung	**empfohlene Leuchten**	**empfohlene Lampentypen**	**Bemerkungen**
Sicherheits-beleuchtung	sensorisch (z. B. per Bewegungsmelder) gesteuerte Strahler	Halogenstab	Sensor so einstellen, dass keine Passanten oder Tiere Auslöser sind und Leuchte nur so lange wie nötig an ist
Hauseingang, Hausnummer	Wandleuchte	Niedervolt, Energiesparlampe, LED	große Ziffer mit schwacher oder farbiger Beleuchtung
Fußwege, Treppen	niedrige Pollerleuchten	Niedervolt, Energiesparlampe, LED	Leuchten seitlich aufstellen, erste und letzte Stufe besonders markieren
Fahrweg, Parkplatz	eingelassene Bodenleuchten, Leuchtsteine,	LED, Leuchtkristalle	auf Stabilität zum Drüberfahren achten; Leuchtkristalle brauchen tagsüber Licht zum Aufladen!
Terrasse, Sitzplatz	Wandleuchte, Hängeleuchte, Standleuchte, Einbauleuchte	Energiesparlampe, LED	Licht nur nach unten strahlen lassen
Leseleuchte	Stirnlampe, Hängeleuchte, Standleuchte	LED	kleiner Lichtkegel zum gezielten Ausrichten

Gartenleuchten und ihre Verwendungsmöglichkeiten

ästhetische Beleuchtung	**empfohlene Leuchten**	**empfohlene Lampentypen**	**Bemerkungen**
mobile Gartenbeleuchtung als Blickfang von drinnen	Klemmleuchte, Strahler mit Erdspieß	Niedervoltlampe, Energiesparlampe, LED	Nachbarn dürfen nicht gestört werden
Baumbeleuchtung	Klemmleuchte, Strahler mit Erdspieß	farbige LEDs	nur farbiges, langwelliges Licht verwenden, nur im Winter
Leuchtskulptur	Leuchtobjekt, Strahler	LED, Leuchtkristalle, Niedervoltstrahler	nur farbiges, langwelliges Licht verwenden, möglichst nur im Winter
Teich- und Uferbeleuchtung	Schwimmleuchten, Unterwasserstrahler, Leuchtkugeln	Niedervolt, LED	auf Schutzart achten! nur langwelliges Licht verwenden, möglichst nur im Winter
temporäre Leuchtdekoration	Ketten, Sterne, farbige Partylichter	LED, Windlichter, Feuerschale	auf Schutzart achten
mobile Leuchte	Klemmleuchte, Standleuchte, Strahler mit Erdspieß	Niedervolt, Akkubetrieb, Solarleuchte	Station zum Aufladen des Akkus bedenken; sonniger Platz für Solarleuchten am Tag nötig

Blaue und weiße LEDs können die Netzhaut gefährden

Forscher der Bundesanstalt für Arbeitsschutz warnen: Wer aus kurzer Distanz länger als 10 Sekunden in eine Licht emittierende Diode (LED) schaut, die kurzwelliges, also blaues und weißes Licht aussendet, kann seine Netzhaut gefährden. Von warmweißen, gelben und roten LEDs geht hingegen keine Gefährdung aus.

Falscher (jeweils links) und richtiger (jeweils rechts) Abstrahlwinkel von freistehenden Außenleuchten.

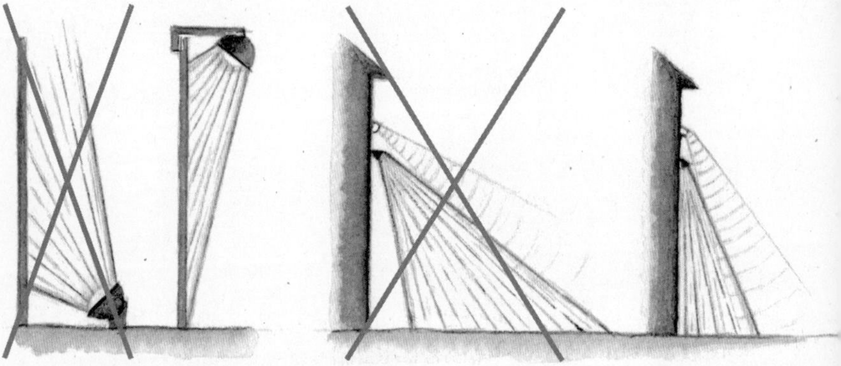

Falscher (jeweils links) und richtiger (jeweils rechts) Abstrahlwinkel von an der Wand montierten Außenleuchten.

Funktionale Beleuchtung

Funktionale Beleuchtung braucht man vor allem im Vorgarten. Hier kommt es als Erstes auf die Sicherheit der Gartennutzer und Besucher an. Doch auch bei der Auswahl der Lampen für die funktionale Beleuchtung sollte man auf insektenfreundliche Leuchtmittel achten. Alle Leuchten sollten einen engen Abstrahlwinkel haben und nur nach unten strahlen. Das Licht sollte warmweiß oder gelb sein, denn es kommt hier nicht auf eine gute Farbwiedergabe an, sondern darauf, Hindernisse, Stufen, den Briefkasten und das Türschloss zu sehen.

Sicherheit im Vorgarten

Alle Leuchten, die abends eingeschaltet werden und dauerhaft brennen, sollen gerade nur so viel Helligkeit spenden, wie es für die Sicherheit nötig ist. So kann ein langer Weg zur Haustür mit wenigen Pollerleuchten gleichmäßig ausgeleuchtet werden. Je niedriger die Leuchten angebracht werden, desto mehr davon braucht man. Pollerleuchten in Kniehöhe können einige Meter weit auseinander stehen, sodass sich die Lichtkegel gerade berühren bzw. schwach überlappen. Jede Wegbiegung oder jeder Abzweig sollte durch eine Leuchte markiert werden, sodass eine eindeutige Wegführung sichtbar wird. Unterschiedlich helle bzw. reflektierende Bodenbeläge müssen bei der Auswahl der Lampen bzw. deren Wattzahl berücksichtigt und Blendungen an hellen oder spiegelnden Oberflächen vermieden werden.

Für Einfahrten reichen schwache Leuchtmarkierungen aus LED-Einbaustrahlern oder Leuchtkristalle in Markierungssteinen, denn das Auto leuchtet ja selbst seinen Weg aus. So braucht man die Markierung eher beim Rückwärtsfahren und zum Sichtbarmachen von niedrigen Hindernissen.

Ist im Vorgarten eine gewisse Grundhelligkeit durch eine Straßenlaterne gegeben, reichen eine (farbig) beleuchtete Hausnummer und eine Leuchte an der Haustür. Diese sollte so angebracht sein, dass man sich das Schlüsselloch beim Aufschließen nicht selbst verschattet. Strahler mit Bewegungsmelder sind ebenfalls funktional. Man sollte den Sensor aber so einstellen, dass er nur von Menschen, die das Grundstück betreten, ausgelöst wird und nicht von Passanten auf dem Gehsteig.

Stufen und Treppen

Die größte Unfallgefahr geht von schlecht beleuchteten Stufen und Treppen aus. Hier muss man nicht nur die Oberfläche gut erkennen, sondern auch die Höhe der Stufen leicht erfassen können. Das geht nur mit Schattenwurf, denn fällt das Licht von oben auf die Stufen, erscheinen sie als ebene Fläche. Außerdem wirft man sich so den eigenen Schatten vor die Füße. Nur wenn das Licht auch von der Seite einfällt, werden Konturen sichtbar. Der Schatten darf aber nicht länger als die Stufentiefe sein, weil dann die Stufenkanten nicht mehr erkennbar sind.

Eine gute Treppenbeleuchtung markiert deutlich den Beginn und das Ende der Treppe und macht den Treppenverlauf sichtbar. Einzelne Stufen sind auch bei Tag eine gefährliche Stolperfalle. Hier ist eine zusätzliche Markierung, z. B. durch einen hellen reflektierenden Leuchtstreifen an der Stufe, nötig. Stufen mit eingebauten LEDs sind zwar teuer, sehen aber auch sehr hübsch aus und sind wartungsfrei.

Treppen im Vorgarten sollten dauerhaft und energiesparend mit Niedervoltlampen oder LEDs beleuchtet sein. Treppen für eigene Kellerabgänge können dagegen auch mit Bewegungsmeldern kurzzeitig beleuchtet werden. Treppen im Wohngarten kann man schön in die ästhetische Beleuchtung einbeziehen, wenn sie auch von Terrasse oder Wohnzimmer aus wahrgenommen werden sollen. Die Stufen von der Terrasse in den Garten sollten dagegen nur solange funktional und dauerhaft beleuchtet werden, wie man sich im Garten aufhält.

Sichere Gartenleuchten

Im Garten dürfen selbstverständlich nur Lampen und Leuchten betrieben werden, die für den Außenbereich zugelassen sind. Steckdosen, Leitungskupplungen, Lampenfassungen und Lampen müssen der Witterung standhalten, damit keine Kurzschlüsse auftreten. Bei einer Netzspannung von 230 V ist der Kontakt mit stromführenden Teilen lebensgefährlich! Für die Auswahl der geeigneten Leuchte muss der Standort bekannt sein, damit die geeignete Schutzart ausgewählt werden kann (siehe Tabelle auf der nächsten Seite). Das Installieren und Reparieren muss man einem Fachmann (Elektriker) überlassen. Niedervolt-Leuchten sind dagegen ungefährlich und können auch vom Laien installiert werden.

Schutzarten zur Betriebssicherheit von Leuchten (IP-Schutzarten)

Kennziffer	1. Kennziffer: Schutz gegen Fremdkörper und Berührung	2. Kennziffer: Schutz gegen Wasser	geeignet in:
0	ungeschützt	ungeschützt	trockenen Innenräumen
1	ungeschützt gegen feste Fremdkörper > 50 mm	geschützt gegen Tropfwasser	Innenräumen
2	geschützt gegen feste Fremdkörper > 12 mm	geschützt gegen Tropfwasser unter 15 °C	Innenräumen
3	geschützt gegen feste Fremdkörper > 2,5 mm	geschützt gegen Sprühwasser	Küche, Bad, Dusche
4	geschützt gegen feste Fremdkörper > 1mm	geschützt gegen Spritzwasser	überdachte Terrassen, Balkon
5	geschützt gegen Staub	geschützt gegen Strahlwasser	Garten
6	dicht gegen Staub	geschützt gegen schwere See	Garten, Uferbereich
7	–	geschützt gegen zeitweises Eintauchen	Garten, Uferbereich
8	–	geschützt gegen Untertauchen	Pool, Wasserbecken

Tipp *Solarleuchten sind nicht umweltfreundlich! Sie werden als besonders umweltfreundlich angepriesen, doch muss man Solarleuchten im Garten kritisch betrachten. Einmal aufgeladen, leuchten sie nach sonnigen Tagen wesentlich länger in der Nacht, als man sie braucht. An trüben kurzen Tagen und im Winter reicht das Tageslicht dagegen oft nicht, um den Akku für die Abendstunden zu laden. Außerdem sind sie bei Verwendung des falschen Lampentyps genauso schädlich für Insekten wie andere Leuchten.*

Begriffe, Maße und Einheiten

- **Candela (cd)**
  Maß für die Lichtstärke (lichttechnische Basiseinheit).
  Eine Lichtquelle, die ausschließlich in eine Richtung strahlt, erzeugt bei 1 cd Lichtstärke in 1 m Abstand senkrecht auf einer ebenen Fläche 1 Lux (Beleuchtungsstärke).
- **Lux (lx)**
  Beleuchtungsstärke ($lx = lm/m^2$) (s. u.)
- **Lumen (lm)**
  Einheit des Lichtstroms (lm = cd × bestrahlter Raumwinkel bzw. Größe des Leuchtkegels einer Lampe)
- **Lumen/Watt (lm/W)**
  Maß für die Lichtausbeute einer Lichtquelle, also der Umwandlung der eingespeisten elektrischen Leistung in Lichtleistung (beruhend auf dem vom menschlichen Auge sichtbaren Lichtanteil!)
- **Farbtemperatur (K)**
  beschreibt die Lichtfarbe einer Lichtquelle. Je höher dabei die Temperatur (in Kelvin), desto mehr verschiebt sich das sichtbare Spektrum in Richtung Blau. Es wird heller und wirkt kälter.
- **Lichtfarben**
  warmweiß (ww): unter 3300 K
  neutralweiß (nw): 3300 bis 5000 K
  tageslichtweiß (tw): über 5000 K
  Sonnenlicht: 6000 K

Ästhetische Gartenbeleuchtung

Die ästhetische Beleuchtung einzelner Gartenteile und Objekte sollte sich auf die langen, dunklen Abende der Wintermonate beschränken. Dann werden keine fliegenden Insekten angelockt oder Tiere gestört. Die Beleuchtung macht aber auch dann nur Sinn, wenn man sie von drinnen wahrnimmt und genießt. Am besten schaltet man die Beleuchtung nur nach Bedarf ein und wetteifert nicht, wie oft bei der Weihnachtsbeleuchtung, mit seinen Nachbarn. So spart man auch eine Menge Energie und Kosten für den Strom.

Ästhetische Gartenleuchten

Leuchtskulpturen

Von innen beleuchtete Objekte, z. B. Kunststoffwürfel, große Pflanztöpfe, Weihnachtsmänner, sehen meist kitschig aus und passen selten in naturnahe Gärten. Schöner wirken farbige, von Pflanzen teilweise verborgene Leuchten, z. B. in Kugel- oder Halbkugelform in gelben, orangen oder bräunlichen Farbtönen. Diese Farben ziehen keine Insekten an und wirken abends viel schöner.

Angeleuchtete Objekte

Dezent beleuchtete Objekte, wie z. B. eine Gartenbank, lenken den Blick und wirken besonders schön, wenn sie von Pflanzen umspielt werden. Sieht man das von drinnen, z. B. beim Abendessen, kann man auch im Winter den Garten genießen, ohne frieren zu müssen.

Wasser

Leuchten am Teich wirken besonders durch ihre Spiegelung auf der dunklen Wasseroberfläche. Schwimmleuchten sehen nur in Teilen verdeckt, z. B. in der Sumpfzone zwischen Wasserpflanzen, interessant aus. Auch hier sollte man eine Verwendung ausschließlich im Winter in Betracht ziehen.

Es ist nicht einfach, einen Garten dezent so zu beleuchten, dass weder Tiere noch Nachbarn gestört werden und ein schönes Gartenbild entsteht. Wie bei vielem gilt hier das Motto »weniger ist mehr«. Gekonnt inszeniert, kann ein beleuchteter naturnaher Garten aber für einige Abendstunden im Garten bzw. den Blick aus dem Fenster ganz besondere Erlebnisse bieten. Vor dem Leuchten- und Lampenkauf sollte man genau überlegen, welchen Effekt man mit einer ästhetischen Beleuchtung erreichen möchte. Am besten prüft man die Wirkung erst mit unterschiedlichen Leuchten und Lampen aus der Wohnung, die man an einem trockenen Abend mit Verlängerungskabeln anschließt und an den geplanten Standorten im Garten platziert und ausrichtet. Den optischen Effekt farbigen Lichtes kann man mit lichtdurchlässigen Kunststoffscheiben oder Transparentpapier simulieren. Nach der »Beleuchtungsprobe« müssen die Leuchten und Kabel selbstverständlich wieder ins Haus getragen werden!

Tipp *Denken Sie bei der Lichtplanung immer an langwellige Leuchtmittel, die keine Insekten anlocken, und nehmen Sie stets die geringste Helligkeit bzw. Leistung. Am besten verzichtet man von Anfang Mai bis Oktober, wenn die meisten Insekten fliegen, ganz auf künstliche Beleuchtung.*

Tipps für eine ästhetische Gartenbeleuchtung im Winter

Dezentrale Beleuchtung

Mit Licht aus verschiedenen Quellen kann man verschiedene, ineinanderübergehende Lichtzonen erschaffen. Die Farb- und Helligkeitskontraste werden bei sich überlappenden Lichtkegeln spannender und angenehmer empfunden als eine einheitliche Beleuchtung

Helligkeitskontraste

Licht erzeugt auch Schatten und das Verhältnis zwischen beiden muss stimmen. Lieber weniger anleuchten, dabei aber auf den Schattenwurf von Pflanzen achten.

Tiefenwirkung
Durch geschickte Beleuchtung einzelner Zonen oder Objekte im Vorder-, Mittel- und Hintergrund können kleine Gärten größer erscheinen.

Lichtszenen
Mit ortsveränderlichen Leuchten oder unterschiedlich schaltbaren Arrangements können »unterschiedliche« Gärten entstehen. So kann man den Garten z. B. je nach Aufenthaltsort bzw. Blick aus dem Fenster unterschiedlich beleuchten.

Gartenbilder
Für einen schönen Blick nach draußen arrangiert man die Beleuchtung so, dass der Fensterrahmen wie ein Bilderrahmen wirkt. Beleuchtete Objekte nicht in die Mitte rücken, sondern eine Bildaufteilung nach den Regeln des »Goldenen Schnitts« im Verhältnis von etwa ein Drittel zu zwei Drittel in Höhe und Breite wählen.

Leuchtende Strukturen
Besonders schöne Gräser und Gehölze kann man mit Strahlern in Szene setzen. Kleinere strahlt man von unten an, größere Bäume können mit Klemmleuchten bestückt werden. Farbige Lampen können interessante Verfremdungseffekte erzielen.

Schattenkabinett
Pflanzen und Gartenobjekte, die von hinten beleuchtet werden, werfen interessante Schatten auf helle Flächen. Ein Stein oder eine Skulptur vor einer Leuchte wirkt wie ein Scherenschnitt. Zwei Leuchten von den Seiten erzeugen Plastizität.

Warme Farben
Gelb und Orange werden im Winter als wärmend empfunden, blaues und grünes Licht »verstärken« dagegen die winterliche Kälte.

Licht und Insekten

Was wir sehen, entspricht keinesfalls einer objektiven Wirklichkeit, denn die meisten Tiere sehen die Welt ganz anders. So können die meisten Insekten kürzere Wellenlängen als der Mensch sehen, wo wir bereits von UV-Licht sprechen. Da viele Blüten UV-Licht reflektieren, stellen sich für Insekten ganz andere Farben und Blütenmuster dar. Die Empfindlichkeit des Insektenauges hat ihr Maximum in einem Wellenlängenbereich, den Menschen gerne für Lampen benutzen. Seit Erfindung des elektrischen Lichts hat das unzähligen Insekten das Leben gekostet.

Neue Lampen schützen Insekten

Für Insekten sind vor allem die kurzwelligen Anteile des Lichts (violett, blau, blaugrün) sowie die für Menschen unsichtbare UV-Strahlung wirksam. Wir dagegen wollen eher warmes Licht mit langwelliger Strahlung und zudem auch noch beim Lampenbetrieb Strom sparen. So kann man den Insektentod inzwischen wirksam minimieren, indem man draußen nur noch Leuchtmittel verwendet, die eine Wellenlänge größer 550 nm abstrahlen (bei LEDs entspricht das einer Farbtemperatur von 2700 bis 3000 Kelvin). Dort liegt auch der Bereich, in dem wir Menschen am besten sehen (siehe Abbildung Seite 171). Er entspricht der Farbe Gelbgrün.

Blaue Lichtanteile in Wohngebieten (und in Innenräumen) haben zudem Auswirkungen auf unseren Tag-Nacht-Rhythmus und sind daher in den späteren Abendstunden auch für andere Tiere wie Vögel, aber auch für uns Menschen problematisch (siehe Seite 170).

Im öffentlichen Raum werden immer mehr weiße Lampen auf nach oben abgeschirmte, gelborange-farbene Niederdruck-Natriumdampflampen umgerüstet. Deren Licht ist zwar etwas schwächer und hat eine schlechte Farbwiedergabe, reicht aber völlig aus, eine gewisse Grundhelligkeit zu schaffen. Zudem ist der Anblick wesentlich freundlicher, die Lampen blenden nicht, brauchen wenig Strom und locken kaum Insekten an.

Schutz der Nacht

Ein Nachtgarten, der seinen Namen verdient, sollte die Nacht erlebbar machen und nicht in einen Tag verwandeln! Ein naturnaher Nachtgarten lässt nachtaktiven Tieren Raum, ungestört ihren »Geschäften« nachzugehen. Er ist weder tödlicher »Lichtstaubsauger« für Insekten noch bringt er den Tag-Nacht-Rhythmus anderer Gartenbewohner durcheinander. Ein naturnaher Nachtgarten sollte im Sommer die Möglichkeit für abendliche Entspannung und Nachterlebnisse bieten. Das ist ohne künstliche Beleuchtung nicht nur natürlicher, sondern auch wesentlich spannender. In den Wintermonaten darf der Nachtgarten dagegen ohne Schaden für die Natur dezent(!) illuminiert werden, damit sich die Gartenbesitzer daran erfreuen können.

Der naturnahe »Nachtgartenbesitzer« schaut aber auch über den eigenen Gartenzaun und setzt sich kritisch mit der Beleuchtung im öffentlichen Raum auseinander. Vielleicht ist es ja möglich, die eigene Stadt oder Gemeinde bzw. den Energieversorger von der Umstellung auf insektenfreundliche Leuchten zu überzeugen? Oder bei der Planung neuer Sportplätze, Wege und Brücken Einfluss auf die geplante Beleuchtung zu nehmen? Oder beim nächtlichen Anleuchten eines historischen Bauwerks den Sinn zu hinterfragen?

Lichtverschmutzung

Die größten Lichtverschmutzer sind nach wie vor die größeren Städte mit ihren Leuchtreklamen, Bürogebäuden, Straßen- und Platzbeleuchtungen. Die meisten Sternwarten in Städten sind bereits aufgegeben, weil der Nachthimmel so hell ist, dass nur noch wenige große Sterne zu sehen sind. Viele Stadtbewohner wissen nicht, wie eine wirkliche Nacht aussieht und was es am Himmel ohne künstliche Beleuchtung alles zu sehen gibt. Sternschnuppen gibt es hier keine zu bestaunen, auch wenn sie im Hochsommer tausendfach in der Erdatmosphäre verglühen. In der Stadt ist der Mond nur ein Leuchtobjekt von vielen und verblasst neben bunter Leuchtreklame, Sportplatzstrahlern und hellen Fenstern von Bürogebäuden.

Nicht nur Insekten finden billionenfach den Tod durch Lampen, auch Vögel werden von Licht irritiert und getötet. Zum Winterende und Herbstbeginn betrifft das die Zugvögel, deren Orientierung sich vom Sternenhimmel auf die Lichter am Boden umstellen muss. Glitzernde Gebäude spiegeln vermeintliche Seen als Rastplätze vor und haben schon so manchen Trupp in die Irre geführt. Die Standvögel reagieren dagegen hormonell auf die durch Licht verlängerten Tage und brüten früher, auch wenn noch keine Insekten für die Jungenaufzucht zur Verfügung stehen.

Tiere passen sich aber auch schnell an die städtischen Bedingungen an und manche profitieren sogar davon. So sind künstliche Lichtquellen für einige Fledermausarten zuverlässige Futterquellen. Andere Arten, die sich nicht in Siedlungen wagen, könnten dagegen die Verlierer sein, denn ihnen stehen nun weniger Insekten zur Verfügung.

Recht auf Dunkelheit

Lichtimmissionen nehmen seit der Erfindung des künstlichen Lichts rapide zu. Nicht nur in Städten ist die Zunahme an Leuchtreklame, Event-Bestrahlung und Verlagerung der Arbeitszeiten bis in die Nachtstunden ein Problem. Auch zunehmende nächtliche Freizeitaktivitäten auf z. B. beleuchteten Golfplätzen, Skipisten und sogar Wanderwegen erhellen Landschaften, die bisher vom Beleuchtungswahn verschont geblieben sind. Licht ist jedoch von Beginn der Evolution ein natürlicher Rhythmusgeber aller Organismen. Es regelt den Hormonhaushalt, der wiederum den Tag-Nacht-Rhythmus, die Fortpflanzung oder das Verhalten bestimmt. Störungen können vielerlei Auswirkungen auf das Individuum, die Tierart und das ökologische Gleichgewicht zwischen den Arten haben. Gesundheitliche Auswirkungen durch künstliches Licht und Störung des Tag-Nacht-Rhythmus sind auch für Menschen, z. B. Schichtarbeiter, ausreichend dokumentiert. Wenn jedoch der technische Fortschritt zum Maß aller Möglichkeiten, z. B. der Nachtarbeit wird, kommt der Organismus zu kurz. Das Arbeiten rund um die Uhr mag die Wirtschaft ankurbeln, ob es auch den Menschen und ihrer natürlichen Umwelt (bzw. dem, was davon noch übrig ist) bekommt, ist fraglich.

Das Wetteifern um die schönste und hellste Beleuchtung ist einem überholten Zeitgeist geschuldet. War das Überwinden der Dunkelheit früher ein echter Fortschritt, ist das Zuviel an nächtlichem Licht heute eine Belästigung und Gefahr für die Gesundheit. So, wie es auch ein Recht auf Stille gibt, sollte es auch ein Recht auf Dunkelheit in der Nacht geben. Astronomen fordern es bereits ein, denn sie müssen inzwischen weit weg in abgelegene Gebiete reisen, um ihre Beobachtungen machen zu können.

Ökologen und Naturschützer warnen seit Langem vor der Lichtverschmutzung und ihren Folgen. Nächtliche Satellitenaufnahmen zeigen eindrücklich, wie die Städte in den Weltraum strahlen. Es bleibt abzuwarten, ob Einsicht und Vernunft oder schwindende Energiereserven dem Beleuchtungswahnsinn ein Ende bereiten. Es ist längst Zeit dafür!

So lässt sich Lichtverschmutzung vermeiden

Insektentod an Leuchten lässt sich durch folgende Maßnahmen auf ein Minimum reduzieren:

- Künstliches Licht nur im Winter und dort, wo es wirklich notwendig ist.
- Minimierung der notwendigen Beleuchtungsintensität und Beleuchtungsdauer.
- Verwendung von Bewegungsmeldern.
- Abgeschirmte Leuchten mit geschlossenem Gehäuse verwenden.
- Abstrahlung nur nach unten, nicht über die Waagerechte hinaus.
- Eingrenzung des Lichtkegels auf das zu beleuchtende Objekt.
- Oberflächentemperatur der Leuchten unter 60 °C.
- Licht-Spiegelungen an Scheiben und anderen glänzenden Oberflächen vermeiden.
- Verwendung insektenfreundlicher Leuchtmittel ohne UV-Anteil.
- Beleuchtete Innenräume nach außen abschirmen (dicker Vorhang, Rollladen).

Die Autorin

Brigitte Kleinod ist Biologin, Gartenplanerin und Autorin zahlreicher Gartenbücher. Sie schreibt auch für Fachzeitschriften, hält Vorträge und Seminare. Seit über 20 Jahren berät sie Gartenbesitzer, aber auch Kindergärten und Schulen bei der Planung und Gestaltung ihrer Gärten. Als Mitglied im Naturgarten e. V., NABU und BUND setzt sie sich auch für naturnahe Bepflanzungen und umweltfreundliche Gartengestaltung ein. Doch auch menschenfreundliche und die Gesundheit fördernde Gärten sind ihr ein wichtiges Anliegen. Als ausgebildete Wohnberaterin für Senioren und Behinderte hat sie sich in den letzten Jahren besonders der rückenfreundlichen und seniorengerechten Gartenplanung und -gestaltung gewidmet.

Brigitte Kleinod war lange Jugendleiterin im NABU und hat neben ungezählten Tagesveranstaltungen zahlreiche Abend- und Nachtwanderungen mit Vogel- und Fledermausbeobachtungen begleitet. Als »Waldrandbewohnerin« sind ihr die zahlreichen Nachtgeräusche bestens vertraut, zumal sie selbst gerne abends und nachts im Wald unterwegs ist. Sie lebt mit ihrer Familie im Taunus und pflegt selbst einen 3000 Quadratmeter großen Garten.

Informationen über die Beratungs-, Planungs- und Gestaltungsangebote der Autorin gibt es unter **www.kleinod-garten.de.**

Anhang

Literaturtipps (eine Auswahl)

Dietmar Aichele, Margot Spohn: **Was blüht denn da?** Kosmos Verlag

Hans Heiner Bergmann, Wiltraud Engländer: **Die große Kosmos-Vogelstimmen-DVD.** Kosmos Verlag

Dirk A. Diehl: **Ein Garten für Fledermäuse.** pala-verlag

Irmela Erckenbrecht und Rainer Lutter: **Sichtschutz im lebendigen Garten.** pala-Verlag

Wolf Richard Günzel: **Der igelfreundliche Garten.** pala-verlag

Helmut und Margrit Hintermeier: **Blütenpflanzen und ihre Gäste.** Teil 1 bis 3. Obst- und Gartenbauverlag

Helmut und Margrit Hintermeier: **Schmetterlinge im Garten und in der Landschaft.** Obst- und Gartenbauverlag

Brigitte Kleinod: **Das Hochbeet.** pala-verlag

Brigitte Kleinod und Friedhelm Strickler: **Naturnahe Dachbegrünung.** pala-verlag

Thomas Lohrer: **Marienkäfer, Glühwürmchen, Florfliege & Co.** pala-verlag

Dietmar Nill und Bernhard Ziegler: **Tiere der Nacht.** Kosmos Verlag

Lars-Henrik Olsen: **Tierspuren.** Fährten, Fraßspuren, Losungen, Gewölle. BLV Verlag

Klaus Richarz: **Natur erleben rund ums Haus.** Kosmos Verlag

Gunter Steinbach und Heiko Bellmann: **Steinbachs Naturführer. Schmetterlinge.** Verlag Eugen Ulmer

Lars Svensson: **Der Kosmos Vogelführer.** Kosmos Verlag

Uwe Westphal: **Hecken – Lebensräume in Garten und Landschaft.** pala-verlag

Uwe Westphal: **Naturexkursion mit Uwe Westphal.** Streifzug durch die heimische Natur. Audio CD. Edition Ample

Adressen

Weitere Informationen für Naturbeobachter und Naturschützer

Deutschland

NABU (Bundesgeschäftsstelle)
Charitéstraße 3
10117 Berlin
www.nabu.de

Bund für Umwelt und Naturschutz Deutschland (BUND)
Am Köllnischen Park 1
10179 Berlin
www.bund.net

Forschungsverbund »Verlust der Nacht«
c/o Leibniz-Institut für Gewässerökologie und Binnenfischerei
Müggelseedamm 301
12587 Berlin
www.verlustdernacht.de

NABU Regionalverband Strausberg – Märkische Schweiz e.V. Internationales Fledermausmuseum
Julianenhof 15 B
15377 Märkische Höhe
www.fledermausmuseum-julianenhof.de

BUND Naturschutzzentrum Westlicher Hegau
Erwin-Dietrich-Straße 3
78244 Gottmadingen
www.all-about-bats.net

Österreich

Naturschutzbund Österreich
Museumsplatz 2
5020 Salzburg
www.naturschutzbund.at

Tiroler Umweltanwaltschaft
Die helle Not
Meranerstraße 5
6020 Innsbruck
www.hellenot.org

Schweiz

Verein pro Chiroptera
Allschwilerweg 16
4102 Binningen
www.fledermaus.ch

Naturschutznetz Schweiz Glühwürmchen Projekt
Hallwylstrasse 29
8004 Zürich
www.gluehwuermchen.ch

naturschutz.ch
c/o Verein Naturnetz
Chlosterstrasse
8109 Kloster Fahr
www.naturschutz.ch

Weitere Informationen zum naturnahen Gärtnern

Naturgarten e. V.
Kernerstraße 64
74076 Heilbronn
www.naturgarten.org

Offene Gärten/ Offene Gartenpforte
gartenziele.blogspot.de/offene-gartenpforte
(Ziele und Termine in Deutschland, sortiert nach Regionen)

Netzwerk Naturgarten
Tulpengasse 8A
4400 Steyr
Österreich
www.naturgarten-netzwerk.at

Bioterra-Fachgruppe Naturgarten (vormals vng)
Dubsstraße 33
8003 Zürich
Schweiz
www.bioterra.ch

Licht und Beleuchtung

Fördergemeinschaft Gutes Licht
Lyoner Straße 9
60528 Frankfurt
www.licht.de

Bezugsquellen

Samen, Stauden und Gehölze

Deutschland

Kräuter-Simon
Strengweg 1 (Efkebüll)
25842 Langenhorn
www.kraeuter-simon.de

Rühlemann's Kräuter & Duftpflanzen
Auf dem Berg 2
27367 Horstedt
www.kraeuter-und-duftpflanzen.de

Bioland Hof Jeebel
Biogartenversand
Jeebel 17
29410 Salzwedel OT Jeebel
www.biogartenversand.de

Lichtenborner Kräuter
Twetgenweg 10
37181 Hardegsen-Lichtenborn
ww.lichtenborner-kraeuter.de

Dreschflegel
In der Aue 31
37213 Witzenhausen
www.dreschflegel-saatgut.de

Ahornblatt
Untere Zahlbacher Straße 1a
55131 Mainz-Zahlbach
www.ahornblatt-garten.de

Kräuter-und Wildpflanzengärtnerei Strickler
Lochgasse 1
55232 Alzey-Heimersheim
www.gaertnerei-strickler.de

Blauetikett Bornträger
Postfach 4
67591 Offstein
www.blauetikett.de

Rieger-Hofmann
In den Wildblumen 7
74572 Blaufelden-Raboldshausen
www.rieger-hofmann.de

Syringa
Duftpflanzen und Kräuter
Bachstraße 7
78247 Hilzingen-Binningen
www.syringa-pflanzen.de

Hof Berg-Garten
Großherrischwand
Lindenweg 17
79737 Herrischried
www.hof-berggarten.de

Staudengärtnerei Gaißmayer
Jungviehweide 3
89257 Illertissen
www.gaissmayer.de

Artemisia
Allgäuer Kräutergarten
Hopfen 29
88167 Stiefenhofen im Allgäu
www.artemisia.de

Österreich

Gartenbau Wagner
Gutendorf 36
8353 Kapfenstein
www.gartenbauwagner.at

Schweiz

C. & R. Zollinger
Biologische Samengärtnerei
1897 Les Evouettes
www.zollinger-samen.ch

Sativa Rheinau
Klosterplatz 1
8462 Rheinau
www.sativa-rheinau.ch

Neubauer
Biogärtnerei & Naturgärten
Lenzenhausstraße 9
8586 Erlen
www.neubauer.ch

Die Wildstaudengärtnerei
Patricia Willi
Neumühle 2
6274 Eschenbach
www.wildstauden.ch

Nisthilfen

Hasselfeldt
Artenschutzprodukte
Hauptstraße 86a
24869 Dörpstedt / Bünge
www.hasselfeldt-naturschutz.de

Der Wildtierfreund
Naphausen 7
41366 Schwalm
www.wildtierfreund.de

Vivara Naturschutzprodukte
Kaiserswerther Straße 115
40880 Ratingen
www.vivara.de

Manufactum
Hiberniastraße 5
45731 Waltrop
www.manufactum.de

Schwegler Vogel- und
Naturschutzprodukte
Heinkelstraße 35
73614 Schorndorf
www.schwegler-natur.de

Keller Gmbh & Co. KG
Konradstraße 17
79100 Freiburg
www.biokeller.de

pala verlag

Print CO_2 kompensiert

Wir engagieren uns noch stärker für den Klimaschutz!

Seit mehr als 15 Jahren drucken wir unsere Bücher weitestgehend auf Recyclingpapier und versuchen damit, eine ressourcenschonende und umweltfreundliche Buchproduktion zu ermöglichen.

In den letzten Jahren ist der Klimawandel mit seinen weitreichenden Folgen für uns und vor allem unsere nachfolgenden Generationen immer mehr zum Thema geworden. Die Auswirkungen sind bereits jetzt spürbar – Wetterextreme, sich verschiebende Jahreszeiten, Erderwärmung. Auch wenn diese Entwicklungen nicht mehr völlig aufzuhalten sind, müssen wir – auch als Verlag – aktiv werden.

Die *freiburger graphische betriebe,* die Druckerei, in der unsere Bücher produziert werden, beteiligen sich an der Klimainitiative der Druck- und Medienverbände Deutschland und bieten die Möglichkeit, Buchproduktionen klimaneutral herstellen zu lassen. »Klimaneutral« bedeutet den Ausgleich von Treibhausgasen bzw. die Neutralisation durch die Einsparung einer bestimmten CO_2-Menge an anderer Stelle. Da die Wirkungen des Treibhauseffektes global schädigen, ist es irrelevant, an welchem Ort der Welt Emissionen entstehen und wo sie dann letztendlich eingespart werden. Der gesamte Prozess des Ausgleiches von Treibhausgasen basiert auf dem Kyoto-Protokoll von 1997.

Wir haben nun die Möglichkeit, für jedes Druckprodukt den genauen Wert des CO_2-Ausstoßes, der auf den Produktionsprozess in der Druckerei und deren Materialeinsatz zurückzuführen ist, zu ermitteln. Mit Hilfe eines vom Bundesverband der deutschen Druckindustrie entwickelten Rechners, mit dem viele Faktoren erfasst werden – Energieverbrauch, Farbe, Papier, Transportwege oder Einsatz von Personal – wird am Ende der Buchproduktion ein Wert ermittelt, der die relevante Wertschöpfungskette für die technische Herstellung des Buchs umfasst und den durch die Produktion verursachten CO_2-Ausstoß nachweist.

Für diesen Wert bezahlen wir als Verlag einen Ausgleich, der dann in anerkannte und zertifizierte Klimaschutzprojekte fließt. Die Zertifizierung erfolgt durch die Organisation *firstclimate* (www.firstclimate.com) und wird durch das Logo »Print CO_2 kompensiert« angezeigt.

Die aus dem Druck dieses Buchs resultierende Klimaabgabe fließt in ein Windparkprojekt in der Marmara-Region in der Türkei.

Das Projektgebiet liegt in der Marmara-Region an einem Höhenrücken etwa 350 m über Meereshöhe, nahe der Dörfer Elbasan und Çatalca unweit Istanbuls. Im Rahmen des Projekts werden 20 Windenergieanlagen mit einer Nennleistung von je 3 MW errichtet.

Brigitte Kleinod und Friedhelm Strickler:
Naturnahe Dachbegrünung
ISBN: 978-3-89566-303-1

Dirk. A. Diehl:
Ein Garten für Fledermäuse
ISBN: 978-3-89566-311-6

Wolf Richard Günzel:
Das Insektenhotel
ISBN: 978-3-89566-300-0

Uwe Westphal:
Hecken – Lebensräume in Garten und Landschaft
ISBN: 978-3-89566-296-6

Werner David:
Von Fallenstellern und Liebesschwindlern
ISBN: 978-3-89566-267-6

Peter Wohlleben:
Kranichflug und Blumenuhr
ISBN: 978-3-89566-310-9

Brigitte Kleinod:
Neue Ideen für Hochbeete
ISBN: 978-3-89566-287-4

Irmela Erckenbrecht und
Rainer Lutter:
Der Spielgarten
ISBN: 978-3-89566-313-0

Gesamtverzeichnis bei:
pala-verlag, Rheinstraße 35, 64283 Darmstadt, www.pala-verlag.de

ISBN: 978-3-89566-330-7

Rheinstraße 35, 64283 Darmstadt
www.pala-verlag.de

Umschlag- und Innenillustrationen: Margret Schneevoigt

Lektorat: Barbara Reis

Satz und Gestaltung: Verlag Die Werkstatt, Göttingen
www.werkstatt-verlag.de

Druck und Bindung: fgb • freiburger graphische betriebe
www.fgb.de
Printed in Germany

Dieses Buch ist auf Papier aus
100 % Recyclingmaterial gedruckt
und klimaneutral produziert.

Print CO2 kompensiert
Id-Nr. 1331715
www.bvdm-online.de